Répertoire Géographique
des
Textes Cunéiformes
VI/2

Die Orts- und Gewässernamen der hethitischen Texte

Supplement

von

Giuseppe F. del Monte

WIESBADEN 1992
DR. LUDWIG REICHERT VERLAG

Gedruckt auf Veranlassung des SFB 19, Tübingen,
mit Mitteln der Deutschen Forschungsgemeinschaft

Gedruckt auf säurefreiem Papier
(alterungsbeständig – pH 7, neutral)

Die Deutsche Bibliothek – CIP-Einheitsaufnahme

Répertoire géographique des textes cunéiformes / in
Zusammenarbeit mit Jean-Robert Kupper . . . hrsg. von
Wolfgang Röllig. – Wiesbaden : Reichert.
(Beihefte zum Tübinger Atlas des Vorderen Orients : Reihe B,
Geisteswissenschaften ; Nr. 7)
Teilw. im Sonderforschungsbereich 19, Tübingen, entstanden
NE: Röllig, Wolfgang [Hrsg.]; Sonderforschungsbereich Orientalistik
mit Besonderer Berücksichtigung des Vorderen Orients <Tübingen>;
Tübinger Atlas des Vorderen Orients / Beihefte / B

Bd. 6. Die Orts- und Gewässernamen der hethitischen Texte.
2. (Supplement) / von Giuseppe F. del Monte. – 1992
ISBN 3-88226-562-0
NE: DelMonte, Giuseppe F. [Mitarb.]

Gesamtherstellung: MZ-Verlagsdruckerei GmbH, Memmingen

INHALTSVERZEICHNIS

VORWORT

Siebzehn Jahre sind seit dem Abschluß des sechsten Bandes des RGTC vergangen und der Zuwachs an veröffentlichten Texten und Bruchstücken aus den Ausgrabungen von Boghazköy und Maşat Hüyük (30 Textbände) sowie aus den Sammlungen verschiedener Museen hat neue Ortsnamen ans Licht gebracht und den Zusammenhang zwischen bereits bekannten näher geklärt. In den letzten zwanzig Jahren hat zudem der große Fortschritt der Forschung in der Geographie Anatoliens im 2. Jahrtausend v.u.Z. zu einer erheblichen Annäherung der verschiedenen Standpunkte geführt und den Aufbau eines Netzes relativ gesicherter Linien auf der Karte ermöglicht. Daraus erwuchs die Forderung nach einem Supplementband, der dem heutigen Quellen- und Forschungsstand gerecht wird und eine Zwischenbilanz der Ergebnissen bietet, obwohl Jahr für Jahr neue Bruchstücke veröffentlicht werden, neue Texte in Boghazköy und anderswo – man denke an die soeben gemeldeten Entdeckungen in Ortaköy – gefunden werden, die Entzifferung schließlich und das Verständnis der auch für die Geographie so wichtigen hieroglyphischen Inschriften der Großreichzeit weiterhin tiefgreifende Fortschritte machen.

Für den vorliegenden Supplementband wurden berücksichtigt: KBo 23-30, 32-34, 36, KUB 45-60, IBoT 4; die Maşat-Texte, veröffentlicht von S. Alp in HKM; die Sammlung des Louvre, veröffentlicht von J.-M. Durand und E. Laroche in FHL; die amerikanischen Sammlungen, veröffentlicht von G. Beckman und H.A. Hoffner in dem JCS (HFAC); weitere in verschiedenen Zeitschriften und Büchern verstreute kleinere Sammlungen und einzelne Texte.

Die Grundsätze und das Ordnungsprinzip des Werkes sind im Vorwort von RGTC 6 dargelegt. Auf Übersetzungen hethitischer Stellen wurde allerdings verzichtet, wenn sie nichts wesentlich Neues über die betreffende Ortschaft bieten. Bei der Auswahl der Literaturhinweise wurden diejenigen Arbeiten bevorzugt, die zusammenfassend oder mit weiterführenden Literaturangaben einen Ort oder Land behandeln; sovor allem aber die Arbeiten von Massimo Forlanini, die konsequenter den ganzen anatolischen Raum umfassen und dies jetzt auch die Karte Anatoliens in hethitischer Zeit des Tübinger Atlas des Vorderen Orients widerspiegelt.

Sehr herzlich danken möchte ich Herrn Prof. Mario Liverani, der mir die Fahnen seines Buches in "Quaderni di Geografia Storica" zur Verfügung stellte; Herrn Dr. Massimo Forlanini, der mich stets libenswürdigerweise durch hilfreiche Ratschläge und Hinweise gefördert hat; auch ihm, wie Herrn Prof. Massimo Poetto, verdanke ich die Zusendung mancher Fahnen im Druck. Herr Prof. Manfred Kropp hat auf sich die Mühe genommen, die erste Abfassung des Manuskripts zu lesen und fehlerhaftes Deutsch zu korrigieren. Ihm gilt mein besonderer Dank. Schließlich ist es mir ein großes Bedürfnis, Herrn Prof. Wolfgang Röllig auch an dieser Stelle für die Anregung zu dieser Arbeit und deren Unterstützung während der gesamten Zeit meinen aufrichtigsten Dank auszusprechen.

NEUES LITERATUR- UND
ABKÜRZUNGSVERZEICHNIS

S. Alp, Belleten 164 (1977) a: *Maşat-Höyük'te Keşfedilen Hitit Tabletlerinin Işiği Altında Yukarı Yeşilırmak Bölgesinin Coğrafyası Hakkında*, S. 637-646, Karte S. 647 = (teilweise)

S. Alp, Fs Laroche (1979): *Remarques sur la géographie de la région du haut Yeşil-Irmak d'après les tablettes hittites de Maşat-Höyük*, S. 29-35, Karte S. 31.

S. Alp, Belleten 164 (1977) b: *Hitit Kenti Hanhana'nın Yeri*, S. 649-652 =

S. Alp, Fs Edel (1979): *Die Lage der hethitischen Kultstadt Hanhana*, S. 13-16.

S. Alp, Belleten 170 (1979): *Hitit Dilinde "Saray" Sözünün Karşılığ*, S. 273-280 =

S. Alp, SM 1 (1979): *Das hethitische Wort für "Palast"*, S. 17-25.

S. Alp, VIII Kongres (1979): *Maşat-Höyük'te Keşfedilen Çivi Yazılı Hitit Tabletleri*, in: *VIII. Türk Tarih Kongresi, Ankara, 11-15 Ekim 1976. 1. Cilt*, Ankara 1979, S. 165-196, Karte =

S. Alp, Belleten 173 (1980): *Die hethitischen Tontafelentdeckungen auf dem Maşat-Höyük. Vorläufiger Bericht*, S. 25-59, Karte.

S. Alp, TTKY VI/34 (1991): *Maşat–Höyük'te bulunan çivi yazılı hitit tabletleri / Hethitische Keilschrifttafeln aus Maşat–Höyük*, Ankara.

S. Alp, TTKY VI/35 (1991): *Hethitische Briefe aus Maşat–Höyük*, Ankara.

A. Archi, SMEA 22 (1980): *Continuità degli insediamenti anatolici durante l'età ittita*, S. 7-17.

M.C. Astour (1992): *The North Mesopotamian Kingdom of Ilānṣurā*, in: G.D. Young (ed.), *Mari in Retrospect. Fifty Years of Mari and Mari Studies*, Winona Lake, S. 1-33, Karten S. 3, 27.

B.J. Beitzel (1992): *The Old Assyrian Caravan Road in the Mari Royal Archives*, in: G.D. Young (ed.), *Mari in Retrospect. Fifty Years of Mari and Mari Studies*, Winona Lake, S. 35-57, Karte S. 44.

O. Carruba, SMEA 18 (1977): *Commentario alla trilingue licio-greco-aramaica di Xanthos*, S. 273-318.

O. Carruba, Sprache 24 (1978): *Il relativo e gli indefiniti in Licio*, S. 163-179.

CHD: H.G. Güterbock – H.A. Hoffner (Hrsgg.), *The Hittite Dictionary of the Oriental Institute of the University of Chicago*, Chicago 1980 ff.

B.J. Collins, Or 56 (1987): § *54 of the Hittite Laws and the Old Kingdom Periphery*, S. 136-141.

DM: *Damaszener Mitteilungen*, Mainz am Rhein 1983 ff.

FHL: J.-M. Durand – E. Laroche, *Fragments hittites du Louvre*, in: *Mémorial Atatürk*, Paris 1982, S. 73-107.

M. Forlanini, SMEA 18 (1977): *L'Anatolia nordoccidentale nell'impero eteo*, S. 197-224, Karte S. 225.

M. Forlanini, SM 1 (1979): *Appunti di geografia etea*, S. 165-184, Karte S. 185.

M. Forlanini, SMEA 22 (1980): *La prima lista di VBoT 68 e la provincia di Arinna*, S. 71-80, Karte S. 81.

M. Forlanini, Heth 5 (1983): *Gašipura e Gazziura*, S. 11-19.

M. Forlanini, ZA 74 (1984): *Die "Götter von Zalpa". Hethitische Götter und Städte am Schwarzen Meer*, S. 245-266.

M. Forlanini, Heth 6 (1985): *Remarques géographiques sur les textes cappadociens*, pp. 45-66, Karte S. 67.

M. Forlanini, ASVOA 4.3 (1986): M. Liverani – L. Milano – A. Palmieri hrsgg., *Atlante storico del Vicino Oriente antico*. Heft 4.3: *Anatolia: L'impero hittita*, Roma, Karten XVI-XX.

M. Forlanini, Heth 7 (1987): *Le mont Sarpa*, S. 73-87.

M. Forlanini, Heth 8 (1987): *Toponymie antique d'origine hattie?*, S. 105-122, Karte S. 109.

M. Forlanini, VO 7 (1988): *La regione del Tauro nei testi hittiti*, S. 129-169, Karte S. 131.

M. Forlanini, Heth 10 (1990): *Uda, un cas probable d'homonymie*, S. 109-127, Karte S. 110-111.

M. Forlanini, ASVOA 4.2 (1992): M. Liverani – L. Milano – A. Palmieri† hrsgg., *Atlante storico del Vicino Oriente antico*. Heft 4.2: *Anatolia: La prima metà del II millennio a.C.*, Roma (im Druck).

M. Forlanini, Fs Alp (1992): *Am Mittleren Kızılırmak*, in: *Festschrift für Sedat Alp*, Ankara, S. 171-179 (im Druck).

M. Forlanini, RIL 126 (1992): *Le spedizioni militari ittite verso Nerik. I percorsi orientali*, in: Istituto Lombardo, Accademia di Scienze e Lettere, *Rendiconti*, Classe di Lettere e Scienze Morali e Storiche, 126, Milano (im Druck).

J. Freu, Luwiya (1980): *Luwiya. Géographie historique des provinces méridionales de l'Émpire hittite: Kizzuwatna, Arzawa, Lukka, Milawatta*, in: Centre de Recherches Comparatives sur les Langues de la Méditerranée Ancienne, Document N° 6, Tome 2, Nice 1980, S. 179-352, Karte S. 178.

Fs Bittel (1983): R.M. Boehmer – H. Hauptmann (Hrsgg.), *Beiträge zur Altertumskunde Kleinasiens. Festschrift für Kurt Bittel*, Mainz am Rhein.

Fs Edel (1979): M. Görg – E. Pusch (Hrsgg.), *Festschrift E. Edel*, Bamberg.

Fs Laroche (1979): *Florilegium Anatolicum. Mélanges offerts à Emmanuel Laroche*, Paris.

Fs Neumann (1982): J. Tischler (Hrsg.), *Serta Indogermanica. Festschrift für Günter Neumann zum 60. Geburtstag*, Innsbruck.

Fs Otten (1988): *Documentum Asiae Minoris Antiquae. Festschrift für Heinrich Otten zum 75. Geburtstag*, Hrsgg. von Erich Neu Christel Rüster, Wiesbaden.

H.G. Güterbock, AJA 87 (1983): *The Hittites and the Aegean World*: Part 1. The *Ahhijawa Problem Reconsidered*, S. 133-138.

H.G. Güterbock, Fs Bittel (1983): *Hethitische Götterbilder und Kultobjekte*, S. 203-217.

H.G. Güterbock, PAPS 128 (1984): *Hittites and Akhaeans: A New Look*, S. 114-122, Karte S. 115.

Heth: *Hethitica*, Louvain-la-Neuve, 1972 ff.

HFAC: G. Beckman – H.A. Hoffner, *Hittite Fragments in American Collections*: JCS 37 (1985), S. 1-60.

HFPC: O.R. Gurney, *Hittite Fragments in Private Collections*, in: H.A. Hoffner, G.M. Beckman (Hrsg.), *Kaniššuwar*, Chicago 1986, S. 59-68.

HKM: S. Alp, *Maşat–Höyük'te bulunan çivi yazılı hitit tabletleri / Hethitische Keilschrifttafeln aus Maşat–Höyük*, Ankara 1991.

K. Kessler, *Untersuchungen* (1980): *Untersuchungen zur historischen Topographie Nordmesopotamiens nach keilschriftlichen Quellen des 1. Jahrtausends v. Chr.* (= Beihefte zum Tübinger Atlas des Vorderen Orients, Reihe B, Nr. 26), Wiesbaden.

K. Kessler, RA 74 (1980): *Das Schicksal von Irridu unter Adad-narāri I*, S. 61-66.

K. Kessler, SMEA 24 (1984): *Nilabšinu und der altorientalische Name des Tell Brak*, S. 21-31.

M.T. Larsen, JCS 24 (1972): *A Revolt against Hattuša*, S. 100-101.

M. Liverani, OA 27 (1988): *The Fire of Hahhum*, S. 165-171, Karte S. 172.

M. Liverani, QGS 4 (1992): *Studies on the Annals of Ashurnasirpal II. 2.: Topographical Analysis* (= Quaderni di Geografia Storica, 4), Roma, mit Karten (im Druck).

J.G. Macqueen, AnSt 30 (1980): *Nerik and its "Weather-God"*, S. 179-187.

P. Matthiae, SMEA 22 (1980): *Ittiti ed Assiri a Tell Fray: Lo scavo di una città medio-siriana sull'Eufrate*, S. 35-51.

M.J. Mellink, AJA 87 (1983): *The Hittites and the Aegean World*: Part 2. *Ahhiyawa-Achaians in Western Anatolia*, S. 138-141 (vgl. H.G. Güterbock).

Kh. Nashef, *Reiserouten* (1987): *Rekonstruktion der Reiserouten zur Zeit der altassyrischen Handelsniederlassungen* (= Beihefte zum Tübinger Atlas des Vorderen Orients, Reihe B, Nr. 83), Wiesbaden.

XI

H. Otten, Fs Neumann (1982): *Textdatierung und Geschichtsdarstellung – exemplifiziert am Ortsnamen Karkiša*, S. 247-249.

H. Otten, StBoTB 1 (1988): *Die Bronzetafel aus Boğazköy. Ein Staatsvertrag Tuthalijas IV.*, Wiesbaden.

PAPS: *Proceedings of the American Philosophical Society*, Philadelphia.

M. Poetto, Yalburt (1992): *L'iscrizione luvio-geroglifica di Yalburt. Nuove acquisizioni relative alla geografia dell'Anatolia sud-occidentale* (im Druck).

RGTC 1 (1977): D.O. Edzard, G. Farber, E. Sollberger, *Die Orts- und Gewässernamen der präsargonischen und sargonischen Zeit* (Karte).

RGTC 2 (1974): D.O. Edzard, G. Farber, *Die Orts- und Gewässernamen der Zeit der 3. Dynastie von Ur* (Karte).

RGTC 3 (1980): B. Groneberg, *Die Orts- und Gewässernamen der altbabylonischen Zeit* (Karte).

RGTC 4 (1991): Kh. Nashef, *Die Orts- und Gewässernamen der altassyrischen Zeit* (Karte).

RGTC 5 (1982): Kh. Nashef, *Die Orts- und Gewässernamen der mittelbabylonischen und mittelassyrischen Zeit* (Karte).

RGTC 6 (1978): G.F. del Monte, J. Tischler, *Die Orts- und Gewässernamen der hethitischen Texte* (Karte).

RGTC 9 (1981): I.M. Diakonoff, S.M. Kashkai, *Geographical Names According to Urartian Texts* (Karte).

W. Röllig, DM 1 (1983): *Ein Itinerar aus Dūr-Katlimmu*, S. 279-284.

W. Schramm, Or 52 (1983): *Uša = Sam'al*, S. 458-460.

H.-S. Schuster, HHB I/1 (1974): *Die hattisch-hethitischen Bilinguen. I. Einleitung, Texte und Kommentar*. Teil 1, Leiden.

J. Siegelová, *Verwaltungspraxis* (1986): *Hethitische Verwaltungspraxis im Lichte der Wirschafts- und Inventardokumente*, Praha.

I. Singer, ZA 75 (1985): *The Battle of Nihriya and the End of the Hittite Empire*, S. 100-123.

SM 1: O. Carruba (Hrsg.), *Studia Mediterranea Piero Meriggi dicata*, Pavia 1979.

P. Steinkeller, ZA 72 (1982): *The Question of Marhaši: A Contribution to the Historical Geography of Iran in the Third Millennium B.C.*, S. 237-264, Karte S. 265.

StBoTB: *Studien zu den Boğazköy-Texten*. Beihefte, Wiesbaden 1988 ff..

E. Strommenger, MDOG 109 (1977): *Tall Bi'a bei Raqqa*, pp. 5-13.

THeth: *Texte der Hethiter*. Herausgegeben von A. Kammenhuber, Heidelberg 1971 ff..

J. Yakar, MDOG 112 (1980): *Recent Contributions to the Historical Geography of the Hittite Empire*, S. 75-94.

ORTSNAMEN

A

Ahariwaša*

Stf. ^{URU}a-ha-ri-i-wa-aš-ša KUB XLVIII 105 + KBo XII 53 Rs 15

«5 Häuser, darin 50 Deportierte von A.», dem Tempel des LAMMA und der Ala in → **Kalašmita** zugeteilt.

Ahhijawa

¶ J. Freu, *Luwiya* (1980), S. 323ff.; H.G. Güterbock, AJA 87 (1983) S. 133-138; H.G. Güterbock, PAPS 128 (1984) S. 114-122; M.J. Mellink, AJA 87 (1983), S. 138-141; M. Forlanini, ASVOA 4.3 (1986) Tav. XVI 7) l.K.; M. Forlanini, VO 7 (1988), S. 154ff.

Ajala

Vgl. → Arina.
¶ M. Forlanini, SMEA 22 (1980), S. 75f.

Ajara*

Nom. ^{URU}a-ia-ra-aš StBoTB 1 I 79

Im Lande → **Tarhuntaša**.

Akkade

Stf. LUGAL KUR$^?$ a-ga-dè KBo XXXIV 110 Vs 18 = KUB VIII 13, 13′
      = KBo VIII 47: 3′, Mondomina; KBo XXXIV 115, 4′ LUGAL [
akk. a-ga-dè^{KI} KBo XIX 98 S. c, 8′, 9′ (zu korrigieren RGTC 6 S. 4 KBo
      XIX 38)
      URI^{KI} KBo XXXVI 48 I 15
      URI.MA KBo XXXVI 48 I 17

1

Akuliri

hur. ^{URU}*a-ga-ti-x*[KBo XXVII 108 + KUB XII 44 Rs III 32′
URU*a-ag-ga-da-a-hi* KUB XLV 41 III 3′
ag-ga-te-ni KBo XXVII 188, 4′ (hierher?)

¶ E. Laroche, RHA 34 (1976), S. 40; RGTC 2 (1974), S. 6; RGTC 1
(1977), S. 5ff.; RGTC 3 (1980), S. 7; RGTC 5 (1982), S. 7ff.; RGTC 4
(1991), S. 4ff.

Akuliri

Stf. $^{HUR.SAG}$]*a-gul-li-ri* KUB LIV 80, 3′
hur. *a-gul-li-ri-iš* KBo XXVII 117 Rs 8′
Zur Lesung in KUB LIV 80 vgl. H. Otten, ZA 75 (1985) 145.

Akutarija*

Nom. $^{HUR.SAG}$*a-ku-ud-da-ri-ia-aš* KUB L 112 IV 5′
HUR.SAG*a-ku-ut-ta-ri-ia-*[*aš* KUB LI 88, 5′

Göttlicher Berg, vielleicht in den «19 Götter von → **Kalkija**» miteinbe-
griffen (KUB LI 88:5′-9′: Kultordnung, Frühlingsfest).

Alalah

Stf. ^{URU}*a-la-la-ah* KUB XLV 3 + KUB XLVII 43 IV 26′
^{URU}*a-la-al-*[KUB LX 52:7

KUB LX 52 Orakelanfragen die «[Söhne des] Arnuwanda» betreffend,
vgl. KUB XVI 32 + L 6 +, KUB XVI 77 und → **Kiuta**.

Alana

Nom. ^{URU}*a-la-na-a-aš* StBoTB 1 I 39, 40

Alašija

Abl. KUR *a-la-ši-ia-a*[*z*]$^?$ KBo XXXII 226 Vs 2
-*l*]*a-ši-za* KUB LIX 51 I 8′ (= KUB II 2 I 48)

Alhutija (?)

br. ^{URU}al-hu-$u[t^?$-$t]i^?$-$ia[$ KUB LX 126, 8′

Lesung nach H. Klengel Hrsg.

Ališa

Stf. ^{URU}a-li-$ša$ KBo XXXIV 21, 5′ (= KBo XVI 68 II$^!$ 26″, Zitat
entsprechend zu korrigieren RGTC 6 S. 8 nach I. Singer, StBoT
28 [1984] S. 108)

Br. ^{URU}a-$l[i$- KBo XVII 21+46+KBo XX 33+KBo XXV 19 Vs 35
(schon zitiert RGTC 6 S. 8 als KBo XVII 46, 11); ^{URU}a-[KBo
XXX 157 I 6′ (Eth.; nach Hrsg., vgl. VBoT 68)

Vgl. → **Arina** IV.
¶ M. Forlanini, SMEA 22 (1980), S. 76.

Alš/zi

akk.   KUR ^{URU}al-$še$ KBo XXVIII 113 Vs$^?$ 12′

¶ E. Laroche, RHA 34 (1976), S. 44; RGTC 9 (1981), S. 7; RGTC 5
(1982), S. 27.

Altana

¶ H. Otten, RlA 5 (1976-1980), S. 543 s.v. Kazapa (unv. Bo 5544, 1:
KASKAL ^{URU}al-ta-an-na-ma); M. Forlanini, SMEA 18 (1977), S. 206
(bei Kastamonu)

Aluprata

Nom. ^{URU}al-lu-up-ra-ta-$aš$ StBoTB 1 I 65

Amana I

Stf. ^{URU}am-ma-na KUB LX 8 Vs$^?$ 9′

IŠTAR von A.

Amana II

Stf. HUR.S]AG*am-ma-a-na* KBo XXXIV 96 Rs 4
HUR.SAG*am-ma-na* KUB XLV 58 + HT 92 Rs III 8′
a-am-ma-na KUB XLV 58 + HT 92 Rs IV 25′
am-ma-a-na KBo XXXIV 96 Rs 2

hur. UR]U*a-ma-na-hi* KBo XXII 162 Rs 4′
D*am-ma-na-hi* KUB XLV 41 II 15′

¶ E. Laroche, RHA 34 (1976), S. 46.

Amarik

Br. HUR.SAG*am-ma-ri-*[KUB XIX 27 Vs 8′

hur. *a-ma-ri-ik-kal* KBo XXXIII 8 III 4′
a-am-ma-ri-ik-ki-in KBo XXXIII 9, 7′
am-ma-ri-ik-ki-in KBo XXXIII 8 III 9′
HUR.SA]$^{G?}$*a-am-ma-ri-i*[*k*(-) KUB XLV 73, 6′

vgl. *-i*]*k*(-)*pu-ú-pa-a-ni-*[*e*]*l* KBo XX 123 + FHG 23 + I 48 // FHG 21 + I 9 =
V. Haas, ChS I/1 (1984) 57.

Ortsbestimmung: Nach V. Haas ist der hurrische göttliche Berg identisch
mit dem Berg *am-ma-ri-*[in der Grenzfestlegung für Šarrikušuh von
Karkamiš KUB XIX 27 Vs 8′ und mit dem «Wettergott, EN *ar-ma-ru-uk*»
KBo X 1 Vs 37 = **ar-ma-ru-uz-za** VBoT 13, 4′ (über Rasur, versch-
rieben; Kriegsbericht des Hattušili I).
¶ V. Haas, OA 20 (1981) 252f.

Ampuwana*

Abl. URU*am-pu-wa-na-za* KUB XLVI 29 + KBo XXVI 166 II 5′

(Kultlieferungen) «pflegen die *zilipurijatala*-Leute aus A. zu geben» (in
dem nächsten Abschnitt, II 12′ff., wird der Kult der Gottheiten von →
Kizimara behandelt).

Amuna II

Akk. HUR.SAG*a-mu-n*[*a-an* KUB LVIII 18 V? 19′

Als göttlicher Berg im Trankopfer.
¶ J. Freu, *Luwiya* (1980), S. 264 (Melendiz Dağ); M. Forlanini, VO 7 (1988), S. 134 (Pozanti Dağ bzw. Melendiz Dağ).

Amurru

Stf.   KUR ^{URU}*a-mur-ri* StBoTB 1 IV 36
        KUR *a-mur-ra* KUB XXIII 1+ I 35
akk.   KUR ^{URU}*a-mur-ri* KBo XXVIII 54 Vs 6; KBo XXVIII 57, 14'; KBo
        XXVIII 119, 9'; KUB III 119+KUB XLVIII 71 Vs 11', 13'; FHL
        64, 4'
        KUR *a-mur-ri* KBo XXVIII 24 Vs 8'; KBo XXVIII 79 Vs 6'
        LUGAL *a-mur¦-ri* KUB III 60 Vs 7'
Id.   LUGAL KUR MAR.TU KBo XXXIV 111 Vs 6'; KBo XXXIV 116
        Vs 14'(br.)

¶ RGTC 5 (1982), S. 30f.; RGTC 4 (1991), S. 10f.

Ana

akk.   ^{URU.KI}*a-*[KBo XXVIII 16, 6'

[Anašipama] → Anašipa

Anašipa*

Stf.   ^{URU}*a-na-še-pa* KUB LVII 108 III 11
       URU*a-na-ši-pa* KUB LVI 28 Rs 5'

Traum der Königin in A., KUB LVI 28. In der br. Kultordnung KUB LVII 108 zusammen mit den Städten → **Šuwanzana, Taparla, Uta, Wanata** behandelt (^DMÍ.LUGAL).

Anaulilija*

Nom. ^{URU}*an-na-ú-li-li-ia-aš* StBoTB 1 I 74

Ortsbestimmung: Im Lande → **Tarhuntaša**

Ankalija

Ankalija

Stf. ^{URU}*an-ga-li-ia* KBo XXXIV 203 Vs III 13′ (schon zitiert RGTC 6
       S. 17 als unv. 1329/c Vs$^?$ 4)

Ankula

Eth.   LÚ.MEŠ ^{URU}*an-gul-lu$^!$-me$^!$-ni-eš* KUB LIX 19 II 5 =
       LÚ.MEŠ ^{URU}*an-gul-la-*[HFPC 9 Vs$^?$ 14′
       LÚ.MEŠ*an-g*[*ul-* KBo XXXIV 241, 2′

Ankuwa

Dat. ^{URU}*a-an-ku-i* KUB LIX 1 VI 15′
       ^{URU}*an-ku-i* KBo XXIV 128 Rs 2

Abl. ^{URU}*an-ku-wa-za* KBo XXX 155 Rs$^?$ 7′(br.); KUB L 84 II$^?$ 19′

Gen. ^{URU}*an-ku-wa-aš* KBo XXXIV 188 r.Kol. 6′; IBoT IV 35 II 3′(br.);
       StBoTB 1 III 97

Stf. ^{URU}*a-an-ku-wa* KUB XXX 39 + KBo XXIII 80 + KBo XXIV 112 Rs
       11′; KBo XVI 71 + KBo XVII 14 + KBo XX 4 + 16 + 24 + KBo
       XXV 13 IV 3 (schon zitiert RGTC 6 S. 20 als KBo XX 4 I 3);
       KBo XVII 9 + 20 + KBo XX 5 + KBo XXV 12 + ABoT 5 III 30′;
       KBo XXXIV 203 Vs III 11′ (schon zitiert RGTC 6 S. 20 als unv.
       1329/c Vs 2); KUB XLVI 30, 18′; KUB LIX 1 VI 18′
       ^{URU}*an-ku-u-wa* KUB LII 89 II$^?$ 6′
       ^{URU}*an-ku-wa* KBo XXIV 128 Rs 1, 4, 6; KBo XXX 9 III 1′, 5′; KBo
       XXX 155 Rs$^?$ 5′; KUB XXII 40 Rs 20′; KUB XLIX 90, 4′; KUB
       XLIX 92 IV 9, 11; KUB L 84 II$^?$ 7′; KUB LIII 2 Vs 5; KUB LVI
       68 Vs$^?$ 5′(br.); KUB LV 6 I 7; KUB LVII 120 Vs 2; KUB LX 97
       Vs 5′
       ^{URU}*a-ku-wa* KUB XLVI 30, 3′

Abk. ^{URU}*a-an-ku* KBo XXX 54 II 12′

Br. ^{URU}*an-ku$^?$-aš$^?$* KBo XXVI 151 III 10′ (nach C.W. Carter Hrsg.);
       ^{URU}*a-an-ku-*[KBo XXIX 30 IV 8′; ^{URU}*an-ku-*[KBo XXX 118 Rs
       10; KUB LI 57 Vs 13 = ^{URU}*a-*[IBoT I 29 Vs 11 (zur Lesung H.
       Otten, ZA 72 [1982] 161 nach unv. Dupl.); ^{URU}*an-*[*k*]*u-*[KUB LIX
       24, 11′; ^{URU}*a-a*[*n-* KUB LIII 1 I 5; KUB LIII 14 + I 3

hat.   *ha-ni-ik-ku-un* KBo XVII 21 + 46 + KBo XX 33 + KBo XXV 19 Vs
36 (schon zitiert RGTC 6 S. 20 als KBo XVII 46, 12')

Sonnengottheit der Erde von A. KBo XXXIV 203 III 11' (Liste von
Gottheiten, CTH 664, 1.B)
¶ M. Forlanini, SMEA 18 (1977), S. 204 (bei Boğazliyan); RGTC 4 (1991),
S. 9f.

Anta*

Nom. ^{URU}*a-an-ta-aš* StBoTB 1 I 69
Stf.   URU.DU$_6$^{MEŠ} ^{URU}*a-an-ta* StBoTB 1 I 69

Ortsbestimmung: Im Lande → **Tarhuntaša**.

Anunuwa

Eth. ^{URU}*a-nu-nu-um-ni-iš* KUB LIII 32 Vs 5 (Pl.Nom.c.)
LÚ.MEŠ*a-nu-nu-u[m-* KBo XXXIV 146 Vs III 10'

Zu KUB LIII 32 Vs 4-6 s. I. Singer, StBoT 28 (1984), S. 53 (KI.LAM-Fest),
zu KBo XXXIV 146 Vs III 9'ff. vgl. KBo X 18, 5'-9' (RGTC 6 S. 24,
nuntarrijašha-Fest).
¶ RGTC 4 (1991), S. 11.

Anzara

Stf. ^{URU}*a-an-za-ra* KBo XXXII 184 Rs 9'

Landschenkungsurkunde des Zidanza, Rs 6'-9': «Insgesamt 4 *kapunu* 4$^?$
iku [...], Ödland (und) Bauland des PN, 1[+x$^?$] Grundstück Weingarten,
3 Grundstücke Ödland, 3 G[rundstücke Bauland] eines entlaufenen
Dienstmannes, in A.», vgl. H. Otten, ZA 80 (1990), S. 223f.

Anzilija

Nom. ^{URU}*an-zi-li-i[a-aš* KUB XLVIII 82, 2'
Akk. ^{URU}*an-zi-li-ia-an* HKM 50, 29
Abl. ^{URU}*an-zi-li-ia-za* HKM 55, 13
Stf. ^{URU}*an-zi-li-ia* HKM 33, 17'(br.); HKM 54, 9; HKM 99, 11

Anzipa

Ortsbestimmung: Bei → **Tapika**/Maşat Höyük, s. → **Kašipura**. «Jarraziti, Kikkilu, zwei Männer von A.» (HKM 99, 11).
¶ S. Alp, Belleten 164 (1977) a, S. 639ff. = Fs Laroche (1979), S. 31ff. (Zela/Zile); M. Forlanini, SM 1 (1979), S. 180ff. (bei Maşat); M. Forlanini, Heth 5 (1983), S. 12; M. Forlanini, ASVOA 4.3 (1986) Tav. XVI 2) r.K. (Zela/Zile)

Anzipa

Stf.   ^{URU}*an-zi-pa* KUB LV 1 III 1

Kultus: «Verfehlungen gegen die Gottheit von A.: Die Deportierten pflegen das Monatsfest die zwölf Monate hindurch zu feiern, jetzt aber pflegen sie (es) nicht (mehr) zu feiern; auch das große Fest im Herbst, in der dazu geeigneten Jahresfrist, pflegen sie zu feiern, jetzt aber pflegen sie es nicht (mehr) zu feiern» (ebd. III 1-4).

Anzura

Br.   ^{URU}*an-z[u-* KUB XLVIII 106, 16' (nach H. Otten, ZA 80 [1990] S. 227 mit Anm. 20)

Apala

¶ J. Freu, *Luwiya* (1980), S. 241f.

Apaša

¶ J. Freu, *Luwiya* (1980), S. 267ff. (Phaselis oder Habesos/Antiphellos im östlichen Lykien); M. Forlanini, ASVOA 4.3 (1986) Tav. XVI 7) l.K. (in Westlykien oder Karien).

Apawija

¶ J. Freu, *Luwiya* (1980), S. 286ff.

Apazišna

hur.   ^{URU}*ap-zi-iš-na-a-hi* KUB XLV 25 II 10

¶ E. Laroche, RHA 34 (1976), S. 51; M. Forlanini, Heth 10 (1990), S. 113f. (beim Akdağ; = Azpišna).

Arahtu

akk. ^{URU}*a-ra-ha-ta-an* KBo XXVIII 111 + 112 + KUB III 1b + c Vs 20′ = KBo I 1 Vs 35

Arala*

Nom. ^{URU}*a-ra-al-la-aš* StBoTB 1 I 75

Ortsbestimmung: Im Lande → **Tarhuntaša**.

Arrapha

hur. ^{URU}*a-ar-ra-ap-hi-ni* KBo XXIII 42 + KBo XXVII 119 + KBo XIV 130 I 28(br.); KBo XXIV 57 + KBo XXI 28 + 29 + FHG 12 + KBo XXIII 46 + KBo XX 128 + KBo XXVII 175 I 26, III 18′(br.); KUB XXXII 44 III 10′

-*a|p-hi-e-ni* KBo XXII 165, 14′

br. ^{URU}*a*$^?$-*ra-a[p*$^?$- FHL 68, 5′ (^{D}IM-*up*; hierher? Vgl. A. Kammenhuber, *Kaniššuwar* [1986] 111f.).

«Tešub von A. (und) Kume», vgl. M. Salvini – I. Wegner, ChS I/2 (1986), S. 2.

¶ E. Laroche, RHA 34 (1976), S. 56; RGTC 5 (1982), S. 38f.; RGTC 4 (1991), S. 13.

Arara*

Akk. $^{HUR.SAG}$*a-ra-ra-an* KUB LVIII 18 V$^?$ 13′(br.); KUB LVIII 62 + III 13′; IBoT IV 273 Rs 12′(br.)

Göttlicher Berg im Trankopfer.

Arawana

Stf. ^{URU}*a-ra-un-na* StBoTB 1 I 75

¶ M. Forlanini, ASVOA 4.3 (1986) Tav. XVI 5) m.K.

Arihazija → Atalhazija

Arihazija → **Atalhazija**

Arimata

Stf. ^{URU}*a-ri-im-ma-at-ta* StBoTB 1 I 24, 26

Arina I

¶ M. Forlanini, ASVOA 4.3 (1986) Tav. XVI 7) r.K. (Arñna/Xanthos in Lykien).

Arina IV

Akk. ^{URU}PÚ-*na-an* KUB XLVIII 90 u.Rd. 3

Dat. ^{URU}*a-ri-in-ni* KUB LVII 60 II$^?$ 5′ =
^{URU}*a-ri-in-na* KUB LVII 63 II 10

Abl. ^{URU}*a-ri-in-na-az* KBo XXIII 106 Vs 5
[^{URU}*a-ri*]-*in-na-za* ABoT 14 + KBo XXIV 118 V 3′

Gen. ^{URU}*a-ri-in-na-aš* KUB XI 21a + IBoT IV 69 VI 4′; KUB LVII 63 III 15′$^?$(br.)

Stf. ^{URU}*a-ri-in-na* KUB XXX 39 + KBo XXIII 80 + KBo XXIV 112 Vs 26(br.), Rs 7′; KBo XX 71 + 76 + KBo XXIII 99 + KBo XXIV 87 Vs 30′; KBo XXIII 88 VI 11′; KBo XXIV 94, 6′(br.); KBo XXIV 118 + ABoT 14 IV 11′; KBo XXV 176 Rs 7′, 18′; KBo XXVII 42 II 38(br.); KBo XXVII 51 Vs$^?$ 10′; KBo XXX 13 Vs 6′; KBo XXX 54 I 17′, 18′, 21′; KBo XXX 56 V 17′; KBo XXX 101 II 1; KBo XXX 107, 8′(br.); KBo XXX 158, 4′; KBo XXX 164 III 2′(br.); KBo XXXIII 208 + 204 II 5′; KBo XXXIV 265, 3′(br.); KUB XXXI 123 + FHL 3 Vs 2, Rs 2′; KUB XLV 51, 15′, 19′; KUB XLVI 4 VI 14; KUB XLVI 5 Rs$^?$ 6′; KUB XLVII 64 II 26(br.); KUB XLVIII 88 Vs 6; KUB XLVIII 107 IV 5′; ABoT 14 + KBo XXIV 118 IV 11′ = KUB L 32 III 5; KUB LI 11, 10′; KUB LI 25 Vs 8′, 10′, Rs 16′(br.); KUB LI 52 Vs 6′(br.); KUB LIII 6 IV$^!$ 2′; KUB LIII 11 III 8, 22(br.); KUB LIII 21 Rs 3′; KUB LV 30, 11′; KUB LVI 52 Vs$^?$ 6′; KUB LVII 48, 4′; KUB LVII 63 III 22′, 28′; KUB LVIII 39 Rs 12′; KUB LIX 56 Vs 5′, 7′, 9′; IBoT IV 208 lk.Kol. 2′(br.); IBoT IV 210, 6′(br.); IBoT IV 212, 4′; IBoT IV 225, 2′; IBoT IV 228, 3(br.); StBoTB 1 III 8, 63, 76, 81, IV 44, 46

URUPÚ-*na* KBo XXIII 113 III 10'; KBo XXVI 218, 1'; KBo XXX 56 V 12', 14'; KBo XXXIII 216 Vs? I 10'; KBo XXXIV 145, 3'; KBo XXXIV 160, 8'; KUB XLV 77, 12'; KUB XLVI 23+KUB XXV 20 Vs 36'; KUB XLVI 26 Vs 8'; KUB XLIX 75, 4'; KUB L 47 II 1', 8'; KUB L 71 Rs 6; KUB L 84 II? 9', 10', 17', 20', 26'; KUB L 102, 1'; KUB L 125, 18'; KUB LI 15 Rs 8'; KUB LII 1 III 4'; KUB LII 47 Vs 12; KUB LII 90 I 5', 6'; KUB LIV 70, 7'; KUB LIV 76, 8'; KUB LV 5 IV 14'; KUB LVI 24 Vs 13', Rs 1, 3, 4, 12, 16; KUB LVI 27 bd.; KUB LVI 39 IV 31; KUB LVII 35 II 2', 16', III 6, 20; KUB LVII 63 IV 12'; KUB LVII 94 I 11', IV 2'; KUB LVII 99 III 5'; KUB LVII 116, 8'; KUB LVIII 7 II 18'; KUB LIX 29 III 13'; KUB LX 28 I 6'; KUB LX 45 Vs? 2'; KUB LX 155 Vs 11'; IBoT IV 136, 3', 6'; IBoT IV 327, 4'; FHL 140, 4'; HFAC 73, 1

hat.   URU*a-ri-in-*[KUB XLVIII 18 Vs? 6'

hur.   [URU]*a-ri-in-na-a-hi* KUB XLVII 101 IV 8'
        URU*a-ri-na-hi* KUB XLV 68 Vs 6

br.   URU*a-ri-i*[*n*]*-n*[*a*(-) KUB LI 15 Vs 2' (Abl.?);]*a-ri-in-na*(-)*x*[KBo XXXII Vs? 2';]*a-ri-in-*[KBo XXV 159, 2'; URU*a-ri-*[KBo XXIII 92 III 12'; KBo XXV 137 Rs 2'; KBo XXV 159, 5' (Dir.); KUB LIX 10 V? 2, cf. 6; URU*a-*[KBo XXVIII 84, 4; -*r*]*i-in-na*(-)*x*![KBo XXX 63 Rs 9' (Abl.?); -*i*]*n*!-*na* KBo XXVIII 110, 80''

Dörfer im Bezirk A. nach M. Forlanini, SMEA 22 (1980), S. 74ff.: Ajala, Ališa, Halapija, Hipurija, Kuruštama, Matila, Mililija, Palapalaša, Tamišruna, Taškurija, Tiwalija, Tuhišuna, Tušilaši, Zitakapiša.
¶ M. Forlanini, SMEA 22 (1980), S. 71ff. (Tavium/Büyük Nefesköy); M. Forlanini, ASVOA 4.3 (1986) Tav. XVI 2) m.K. (Tavium/Büyük Nefesköy).

Arinanta

¶ J. Freu, *Luwiya* (1980), S. 270; M. Forlanini, ASVOA 4.3 (1986) Tav. XVI 7) l.K. (in Lykien).

Aripša

¶ M. Forlanini, ASVOA 4.3 (1986) Tav. XVI 3) m.K. (um Erzincan).

Arkapa*

Arkapa*

Akk. $^{HUR.SAG}$ *ar-ga-pa-an* KBo XXV 86 Vs 6'

Göttlicher Berg im Trankopfer.

Arlanta

Nom. $^{HUR.SAG}$ *ar-la-an-ta-aš* StBoTB 1 I 39
Stf. $^{HUR.SAG}$ *a-ar-la-an-ta* StBoTB 1 I 41

¶ J. Freu, *Luwiya* (1980), S. 247f.

Armatana

¶ M. Forlanini, ASVOA 4.3 (1986) Tav. XVI 3) r.K.

Arnahu[*

br. ^{URU} *ar-na-ah-hu-*[KBo XXVI 206, 7'

Arnuwanta

Stf. $^{HUR.SAG}$ *ar-nu-wa-an-da* KBo XXVI 182 IV 9'
br. $^{HUR.SAG}$ *ar-n*[*u*$^{??}$- KUB XXXIV 127 + KBo XXXIV 149 III 4; -*w*]*a-an-da-aš* KUB LV 25 Rs 6' (nach S. Košak, ZA 76 [1986] 131)

Arpuzija*

Stf. ^{UR}]^{U}*a-ar-pu-uz-zi-ia* KUB XLII 29 + II 16'

Vgl. J. Siegelová, *Verwaltungspraxis* (1986), S. 148.

Arša*

Nom. $^{HUR.SAG}$ *ar-ša-aš* KBo XXV 162 r.Kol. 2

Liste von (göttlichen?) Bergen.

Aršauna*

Stf.   ^{URU}*ar-ša-u-na* KBo XXXI 51 Vs 9'(br.), 11', 12' (nach J. Siegelová, *Verwaltungspraxis* [1986], S. 320)

Artašuša*

Nom.   ^{URU}*ar-ta-šu-uš-ša-aš* KUB LVI 40 IV 19'

Kult des Wettergottes und des Berges → **Pupara** (br. Kultordnung der Städte → **Watarušna, Kartuša**, u.a.m.).

Artuka

br.   ]-*du-uq-qa* KUB VI 50 II[?] 11' hierher?

¶ J. Freu, *Luwiya* (1980), S. 274, 328.

Aru[

br.   ^{URU}*a-r[u-* KBo XXVI 174, 4'

Aruar

¶ RGTC 4 (1991), S. 13.

Arulaša*

Stf.   ^{URU}*a-ru-ul-la-aš-ša* KUB XL 110 Vs 13'

Arušna

Stf.   ^{URU}*a-ru-uš-ša-na* KUB LII 60 II 12'; KUB LVII 87 II 12
^{URU}*a-ru-uš-na* KUB XLVI 37 Rs 7, 14; KUB XLVI 39 IV 1'; KUB XLIX 1 IV[?] 13', 16'; KUB L 123 Rs 12'; KUB LIV 1+552/u (= H. Otten, ZA 75 [1985] 143) I 57, 60; KUB LVI 25 IV[?] 2'; StBoTB 1 III 94

br.   ^{URU}*a-*ru-u-u[š[?]-* KUB XLVIII 81, 3' (hierher?)

Außer der Verbindung «Gottheit von A.» («Große Gottheit von A.» KUB LII 60 II 12', «Gottheit von A.» in den Schwurgötterlisten KUB LVII 87

13

Arzawa

II 12 – s. unter → **Hurnija** – und StBoTB 1 III 94) beachte KUB L 123 Rs 12': «Weil in der Stadt A. [...]» (br. Orakelanfrage) und die Nennung der Stadt zusammen mit Atanija in der Orakelanfrage KUB XLVI 37 Rs 14 und, wenn hier richtig angeordnet, im ah historischen Bruchstück KUB XLVIII 81 (Z. 9' auch Kumani zitiert, vgl. M. Forlanini, SM 1 [1979], S. 169).

¶ M. Forlanini, SM 1 [1979], S. 168ff. (Sirkeli); M. Forlanini, ASVOA 4.3 (1986) Tav. XVI 4) r.K.; M. Forlanini, VO 7 (1988), S. 139f. (um Adana).

Arzawa

Stf.   KUR ^{URU}*ar-za-u-wa* KUB XLVIII 87, 2'; KUB LVI 27, 6'; HKM 86a, 10' = b 9'

KUR *ar-za-u-wa* KUB LVI 18 Vs? 6'

KUR ^{URU}*ar-za-wa* KUB XXI 2 + KUB XLVIII 95 I 5; KUB XXXIV 74 I 1

^{URU}*ar-za-u-wa* KUB XLVIII 105 + KBo XII 53 Rs 39, 41

]*ar-za-wa* KUB LVI 18 Vs? 2'

br.   ^{URU}*ar-za-*[KUB LVII 90 I? 7'; *a*]*r-za-*[KUB XIX 51 + HFAC 1 I 4'

Vgl. → **Arziwa**

¶ J. Freu, *Luwiya* (1980), S. 255ff.; M. Forlanini, ASVOA 4.3 (1986) Tav. XVI 7) r.K.

Arzija

Stf.   ^{URU}*ar-zi-ia* StBoTB 1 III 95
br.   ^{URU}*ar-z*[*i-* KUB LIX 6 IV 13' (hierher?)

¶ M. Forlanini, ASVOA 4.3 (1986) Tav. XVI 3) l.K.

Arziwa*

Adv.   *a*]*r-zi-i-wa-il* HFAC 16, 6'

Nach G. Beckman und H.A. Hoffner, JCS 37 (1985) 3 «in Arzawan (*i.e.*, Luwian?)».

Ašana*

Akk.   KUR *a-ša-na-an* KBo XXIII 113 III 27'

Stf.   KUR *a-ša-na* KBo XXIII 113 III 26'

Neben dem Berg Pišaiša angeführt (br. Gelübde).

Ašarata

¶ J. Freu, *Luwiya* (1980), S. 276; M. Forlanini, ASVOA 4.3 (1986) Tav. XVI 7) r.K. (um Kütahya).

Ašharpaja

Akk.   HUR.SAG*aš-HAR-pa-ia-an* KUB XLIX 103 Rs 9'

Ortsbestimmung: «[Seine Majestät] wird die Götter feiern, die Herren aber, Šahurunuwa [und Haršanija], werden gegen den Berg A. Krieg führen und Kapata ergreifen» (ebd. 8'-10', Orakelanfrage).
¶ M. Forlanini, SMEA 18 (1977), S. 207f. (Benil Dağ); M. Forlanini, ASVOA 4.3 (1986) Tav. XVI 5) m.K.

Ašihu

¶ Kh. Nashef, *Reiserouten* (1987), S. 74ff.

Aškašsi[

br.   URU*aš-ka-š[i-* KUB LIX 6 IV 9'

Aškašipa

Stf.   *aš-ka-ši-pa* KBo XXIV 118+ABoT 14 VI 13' = KUB XXII 27 IV 28 = KUB L 82, 8'; KUB LVIII 15 IV 5'
br.   HUR.SAG*a-aš-k[a-* KBo XXV 164 r.Kol. 3' (nach H. Otten-Chr. Rüster Hrsg.); HUR.SAG*a-aš-ga-š[i-* KUB XVII 8 I 10 (zu korrigieren RGTC 6 S. 47)

Festritual für A. KBo XXIV 118+ VI 13'-15', KUB LVIII 15 IV 5'. Vgl. dAškašipa.

Ašmija*

akk.   URU*aš-mi-ia* KBo XXVIII 57, 9'

Ašpinuwa*

¶ A. Hagenbuchner, THeth 16/2 (1989), S. 445.

Ašpinuwa*

Stf. ^{URU}aš-pí-nu-wa KUB L 35 Rs$^?$ 16', 18'

Orakelanfrage im Zusammenhang mit Fragen über → **Karahna**: «Ist der Wettergott des Himmels wegen der Angelegenheit von A. erzürnt?».

Aštata

Stf. ^{URU}aš-t[a$^?$- KUB LVII 18 Vs 2 (nach A. Archi Hrsg.)

Aštujara

Stf.   [^{URU}aš]-tu-u-ia-ra KBo XXIII 84 Rs 4'; IBoT IV 89, 6'(br.)

¶ M. Forlanini, SM 1 (1979), S. 170f. (byz. A/Osdara etwa 20 km von Elbistan); M. Forlanini, ASVOA 4.3 (1986) Tav. XVI 4) r.K.

Ašula*

Stf. ^{URU}a-šu-ú-la KUB XL 110 Vs 14'

Aššur

Stf.   KUR ^{URU}aš-šur KBo XXIII 116 III$^?$ 3'; KBo XXXIII 216 Vs$^?$ I 6';
       KUB XLVIII 124 Rs$^?$ 9'; KUB XLIX 91 Vs 9'
       ^{URU}aš-šur KUB XLIX 41 IV 14'; IBoT IV 2 IV 3'
       KUR aš-šur KBo XXII 264 III 11, IV 8

akk.   KUR ^{URU}a-šur$_4$ KBo XXVIII 145, 7
       KUR ^{D}a-šur KBo XXVIII 59 Vs 1; KBo XXVIII 60, 6', 10'

br.   ]aš$^?$-šur KBo XXVIII 92, 13' (nach H.M. Kümmel Hrsg.);]-šur KUB
      L 8, 7' (nach A. Archi Hrsg.); KUB LVII 106 II 10

¶ RGTC 2 (1974), S. 19; RGTC 1 (1977), S. 20; RGTC 9 (1981), S. 14f.; RGTC 3 (1980), S. 25f.; RGTC 5 (1982), S. 41ff.; RGTC 4 (1991), S. 14ff.

Ašuwa

¶ J. Freu, *Luwiya* (1980), S. 330f. (in Lydien); M. Forlanini, ASVOA 4.3 (1986) Tav. XVI 7) m.K. (in Lydien); RGTC 4 (1991), S. 21.

Ašuwaša*

Stf. ^{URU}*a-aš-šu-wa-aš-ša* KUB XLVIII 105 + KBo XII 53 Rs 31 (Lesung nach A. Archi-H. Klengel, AoF 7 [1980] 146 — dort aber *-aš-ša-aš*. Irrig zitiert RGTC 6 S. 52 unter **Ašuwa**).

Ortsbestimmung: Im Lande → **Kašija**.

Atalhazija

Stf. ^{URU}*a-ta-al-ha-az-zi* KBo XIII 175 Vs 4
       ^{URU}*a-tal-ha-zi* KUB LIII 7 + V$^!$ 14'; KUB LVIII 36 I 12', 15', 16', 17', 18', 19'
       ^{URU}*a-tal-ha-zi-ia* KBo XXII 222 III 2', 3', 11'; KBo XXIII 89, 5'; KUB LIII 6 IV$^!$ 3', 4'; KUB LVIII 36 I 7', 8', 10', 11', 13', 14', 20', 21', 22'; HFAC 59, 5'
       ^{URU}*a-tal-ah-zi-ia* KUB LIII 4 Rs 33'
br.   ]*a-tal-ha-z*[*i*(-) KUB LVIII 36 I 2'; ^{URU}*a-t*[*al-* IBoT II 23, 8';]*-ha-zi-ia* IBoT II 23, 9 (vgl. M. Popko, KUB LVIII, Inh. zu Nr. 36)

Atalma* (?)

Nom. $^{HUR.SAG}$*at$^?$-tal-ma-aš* KBo XXVI 151 III 10' (? nach C.W. Carter Hrsg.)

Göttlicher Berg als Statuette aus Gold, verehrt in → **Ankuwa** (?).

Atalura

¶ M. Forlanini, SM 1 (1979), S. 172 («la sezione dell'Antitauro che continua l'Amano verso nord e in particolare con le alture di Kadirli»); M. Forlanini, ASVOA 4.3 (1986) Tav. XVI 5) l.K.

Atanija

Stf. ^{URU}a-da-ni-ia KUB XLVI 37 Rs 14

br. KUR ^{URU}a-da-ni-[KBo XXVIII 124 r.Kol. 9'; ^{URU}a-ta-ni-[KUB XLVIII 81, 1'

Vgl. u. → **Arušna**. Die Stelle aus KBo XXVIII 124 (Telipinu-Erlaß, akkadische Fassung) ist parallel zu 2BoTU 23A II 1-4, vgl. RGTC 6 S. 43 und I. Hoffmann, THeth 11 (1984) 26f.

¶ M. Forlanini, SM 1 (1979), S. 169 Anm. 14 (Çaputçu Hüyük bzw. Alayhanun am Seyhan); J. Freu, *Luwiya* (1980), 199f., 205ff.; M. Forlanini, ASVOA 4.3 (1986) Tav. XVI 4) r.K.; M. Forlanini, VO 7 (1988), S. 139ff.

Atara

Gen. ^{URU}a-da-ra-aš StBoTB 1 I 84

Ortsbestimmung: Im Lande → **Tarhuntaša**, wohl zu trennen von der gleichnamigen Stadt im Lande Išmirika RGTC 6 S. 54f. *«warpatala*-Leute von A.»*, zwischen Leuten verschiedener Ortschaften, beschrieben als: «Wer auch immer (von den) Hilfskräften, Handwerkern und Bauern inmitten des Landes Tarhuntaša und inmitten des Hulaja-Flußlandes ist», und als Ortschaften, die Hattušili III dem Kurunta «mit dem nackten Mauerwerk» gegeben hatte (Vs I 85-87).

Atarima

¶ J. Freu, *Luwiya* (1980), S. 306ff., 316ff. (in Karien)

[Atga]

br.]x(= ZU?) at-ga-az-[KUB XLVIII 58, 3' (nach H. Berman-H. Klengel Hrsg.)

In hattischem Kontext, wohl nicht ON.

Atranta → Laranta

Atrija

¶ J. Freu, *Luwiya* (1980), S. 306ff, 318 (Idrias in Karien).

Atunuwa

¶ M. Forlanini, Fs Alp (1992), S. 177f. (Kululu).

Aura

¶ J. Freu, *Luwiya* (1980), S. 260, 284f.

Awara

¶ J. Freu, *Luwiya* (1980), S. 277.

Awarna

¶ O. Carruba, SMEA 18 (1977), 313 (Xanthos in Lykien); M. Poetto, *Yalburt* (1992), § 26ff. (hier. *á-wa+ra-na-à*(REGIO), aramäisch *'wrn* = Xanthos in Lykien).

Azi

Stf.　KUR ^{URU}*az-zi* KUB XLIX 1 I$^?$ 25
　　　KUR *az-zi* KBo XXIII 115 Vs$^?$ 2′
　　　^{URU}*az-zi* KUB XLII 69 Vs 4′; KUB XLVIII 105+KBo XII 53 Vs 21′; KUB XLIX 70 Rs$^?$ 20′, 21′; KUB LII 86, 10′

KUB XLVIII 115+ Vs 21′: «3 Häuser, darin 30 Deportierte, in Hatuhina, Leute von A.», in → **Lihšina**$^?$ im Lande → **Turmita** angesiedelt. Die restlichen Belege stammen aus bruchstückhaften Orakelanfragen.
¶ M. Forlanini, ASVOA 4.3 (1986) Tav. XVI 3) m.K.

Aziki*

hur.　^{URU}*a-zi-ki* KBo XX 129+KBo XXIII 6+KBo XXVII 100+KUB XXXII 29+ABoT 39+FHG 20 I 55

«Wasserläufe von A.» in hurrischem Kontext nebst → **Ninuwa**, **Nawari**, **Šitarpu**, den Bergen **Kašijari** und **Napri** u.a.m. genannt, s. V. Haas, ChS I/1 (1984) 57f., 69f.

Azpišna

Azpišna

¶ M. Forlanini, Heth 10 (1990), S. 122 Anm. 11 (= → Apzišna).

Azuwaši*

Nom. ^{URU}*az-zu-wa-aš-ši-iš* StBoTB 1 I 83

«*duddušhijala*-Leute von A.», zwischen Leuten verschiedener Ortschaften, beschrieben als: «Wer auch immer (von den) Hilfskräften, Handwerkern und Bauern inmitten des Landes Tarhuntaša und inmitten des Hulaja-Flußlandes ist», und als Ortschaften, die Hattušili III dem Kurunta «mit dem nackten Mauerwerk» gegeben hatte (Vs I 85-87).

H

Hahha

¶ M. Forlanini, SM 1 (1979), S. 172 Anm. 28 (in Commagene); RGTC 9 (1981), S. 38; M. Forlanini, ASVOA 4.3 (1986) Tav. XVI 5) l.K. (Samosata); Kh. Nashef, *Reiserouten* (1987), S. 71; M. Liverani, OA 27 (1988), S. 165ff. (Lidar Höyük); RGTC 4 (1991), S. 46f.; M. Astour (1992), S. 4ff.; B.J. Beitzel (1992), S. 54ff.

Hahaja

Akk. $^{HUR.SAG}$*ha-ha-ia-an* KUB LIV 98, 12′

Stf. $^{HUR.SAG}$*ha-ha-ia* KBo XXVI 191, 16′; KBo XXXIV 106 I 2(br.)

hat. *ha-a-ha-ia zi-ia-aš-te* KUB XLVIII 38 Rs 1

Vgl. → **Hatina**.

Hahana* (?)

br. (-)]*ha-a-ah-ha-na* KUB XXVIII 76 + KBo VIII 133 III 6′

Vgl. M. Forlanini, ZA 74 (1984) 248 Anm. 11

Hahanta*

Nom. ^{UR}]$^{U?}$*ha-ha-an-ta-a-š* KUB XXXVIII 10 IV 27′

Vgl. RGTC 6 → **Parmašhapa, Šaluwataši, Šapita**.

Hahar[*

br. 1 LÚ ^{URU}*ha-HAR-x-ta-x* KUB LIII 17 III 17′

Über Rasur geschrieben. Vgl. etwa KBo XII 65 II 2 zitiert RGTC 6 S. 62.

Haharkina*

Haharkina*

Stf. ^{URU}ha-HAR-ki-na KUB LVIII 58 Vs 20

Ortsbestimmung: Kultbeschreibung der Stadt → **Hakmiš**; Vs 20: «In der Stadt H. setzt man [...] hin». Es werden u.a. der Wettergott von Nerik und die Gebirge → **Haharwa** und **Zalijanu** genannt. M. Popko (Hrsg.) liest Hamurkina.

Haharma* (?)

Akk.   h]a-ah-HAR-ma-an KUB LI 40 III 6'

Göttlicher Berg im Trankopfer, vgl. auch H. Freydank (Hrsg.) S. VIII.

Haharna*

Stf. ^{URU}ha-HAR-na KBo XXVI 151 I 12'

Haharwa

Nom. $^{HUR.SAG}$ha-HAR-wa-aš KBo XXIV 117 l.Kol. 10'
Stf. $^{HUR.SAG}$ha-HAR-wa KUB LVIII 58 Vs 15
       KUR ha-HAR-wa KUB LVIII 39 Rs 7'
br.   KUR h[a- KUB LVIII 39 Rs 5'

¶ S. Alp, Belleten 164 (1979) b, S. 651f. = Fs Edel (1979), S. 16ff. (nordöstlich von Çankiri).

Hajaša

Stf.   KUR ^{URU}ha-a-ia-ša HKM 96, 12'
       [KU]R ^{URU}ha-ia-ša KBo XXXIV 91, 2'

Haita

Stf. ^{URU}ha-it-ta KUB XXX 39 + KBo XXIII 80 + KBo XXIV 112 Rs 3'

Hakm/piš

Stf. $^{UR]U}$ha-ka-mi-iš-š[a$^?$ KBo XXV 11, 4'
       KUR ^{URU}ha-ak-miš-ša KUB LVI 48 IV 21'

KUR *ha-ak-m*[*iš*(-) KUB LVI 48 IV 23'

h]*a-ag-ga-piš* KUB XLIX 103 Vs 2'

^{URU}*ha-ak-miš-ša* KUB LV 48 I 2'(br.)

^{URU}*ha-ak-miš* KUB XLVIII 119 Vs? 5'; KUB LII 5 IV 3', 4'; KUB
LII 55 Rs 2', 4'; KUB LIII 21 Vs 7'; KUB LV 54 I 28'; KUB LVIII
11 Rs 12'(br.); KUB LVIII 58 Vs 1

^{URU}*ha-ak-ki-me-iz-za* KUB LVIII 9 Vs 3

hur. ^{URU}*ha-ak-pí-*[*i*]*š* KUB XLVII 101 IV 5'

br. ^{URU} *ha-ak-miš*(-)*x*[KUB LIV 98, 8'; ^{URU}*ha-a*[*k-* KUB XLIX 34
r.Kol. 1'; *-a*]*k*!?*-miš*?*-ša* KUB LVI 51 I 26 (nach H. Klengel Hrsg.)

¶ M. Forlanini, ASVOA 4.3 (1986) Tav. XVI 2) r.K. (Büyük Hüyük bei
Mecitözü).

Halapija

Stf. ^{URU}*hal-la-pí-ia* KBo XXIII 92 II 12', 17'; KBo XXX 107, 6'

Ortsbestimmung: Wohl im Kerngebiet des hethitischen Reiches zu suchen
(damit scheidet die von F. Cornelius vorgeschlagene Gleichsetzung mit
Halpa aus). KBo XXIII 92 II 12'-18' (KI.LAM-Fest? Vgl. aber I. Singer,
StBoT 27 [1983] 30): «Männer von H. stehen auf dem Teiche (oder:
Wasserbecken). Die ALAM.ZU$_9$-Leute gehen und prügeln sich auf dem
Teiche/Wasserbecken. Der König gibt einen Wink der Leibgarde mit den
Augen und verjagt sie; die ALAM.ZU$_9$-Leute gehen in die Stadt hinauf
und die Männer von H. stehen ebendort», vgl. A. Kammenhuber, HWb^2
205b. Als «Teich» muß man sich ein künstliches Wasserbassin vorstellen,
wie etwa das Wasserbecken auf Büyükkale (vgl. P. Neve, IM *Beih.* 5 [1971]
13ff.). Vgl. → **Arina.**

¶ M. Forlanini, SMEA 22 (1980), S. 79.

Haliputa

Stf. ^{URU}*ha-li-pu-da* KBo XXIV 128 Vs 11'

br. ^{URU}*ha-l*[*i-* KUB LVII 71, 6' (wohl Dat.)

Ortsbestimmung: KBo XXIV 128 Vs 11' (Orakelanfrage): «[Wird man]
Heiligtümer [fü]r [die Götter von Šapi]nuwa in H. bauen?» (zur Ergänzung vgl. ebd. 1'-4'). Zusammen mit → **Katapa**, **Šalampa** und **Kartapaha**
in KUB LVII 71 erwähnt.

Halpa

Halpa

Stf. ^{URU}*hal-pa* KBo XXIII 70 I 15', 16'; KUB XLII 34, 17'; KUB XLIX
41 IV 10'; KUB L 91 IV 1'; KUB LI 15 Rs 2'; KUB LV 48 IV$^?$
1', 2'
^{URU}*ha-la-ap* KBo XXIV 40 Rs$^?$ 7'; KBo XXIV 48 II 9'; KBo XXVI
156 Rs 2(br.); KUB XLVII 64 II 27; KUB LV 5 IV 8'; KUB LVI
31 IV$^?$ 17', 19'; KUB LVIII 51 II 16; KUB LIX 56 Vs 8'; KUB
LX 45 Vs$^?$ 3'; StBoTB 1 III 84

akk. KUR ^{URU}*ha-la-ap* KBo XXVIII 120, 6'(br.), 7'(br.); KUB XLVIII
72 Rs 7', 8'(br.)
KUR ^{URU}*hal-pa* KBo XXVIII 83 Rs$^?$ 9'

hur. ^{URU}*hal-pa-an* KBo XXXIII 109 r.Kol. 5'
^{URU}*hal-pa-wa$_a$-an* KUB XLVII 78 I 15'
^{URU}*hal-pa-a-pa* KUB XLV 84 Vs 13'
^{URU}*hal-pa-pa* KUB XLVII 101 IV 5'

br. KUR ^{URU}*ha*[*l-* KBo XXVIII 120, 2'; ^{URU}*ha-*[KBo XXVI 155 II 9';
]*-la-ap* KBo X 15, 11';]*-ap* KBo XXVIII 110, 81''; KBo XXVIII
120, 11'

¶ E. Laroche, RHA 34 (1976), S. 90.

Hamala*

akk. LÚ ^{URU}*ha-ma-al-la-i-ú* KBo XXVIII 102, 9', 13'

Hamurkina → Haharkina

Hana

¶ J. Freu, *Luwiya* (1980), S. 242f., 248f. (Boz daǧ; = → **Hawa**?).

Hananaka*

Stf. ^{URU}*ha-na-na-ag-ga* HKM 99, 7
^{URU}*ha-na-na-ak* HKM 103, 3

Ortsbestimmung: Wohl bei → **Tapika**/Maşat. «Purilla, Zuwa, zwei Männer
von H.» (HKM 99, 6-7); «10 Arbeiter von H.; 3 *parisu* 2 *sūtu* (Gerste)
ihre Ration; x-nakili der Vorsteher» (HKM 103, 3-4).

Hanhana

Nom. ^{URU}*ha-ha-na-aš* KBo XXIII 89, 11'

Dat. ^{URU}*ha-an-ha-ni* KBo XXIII 89, 12'; KUB LIII 4 Rs 36', 41'; KUB LVIII 4 V 10', 11', 20'; KUB LVIII 30 II 11'

Abl. ^{URU}*ha-an-ha-na-az* KUB XXII 25 + KUB L 55 Vs 36'; KBo XIII 234 + KUB LI 69 Rs 12'; KUB LIII 4 Vs 5', 12', Rs 37'; KUB LIII 8 Vs 8; KUB LIII 14 + II 16; KUB LX 148 I 2
^{URU}*ha-an-ha-na-za* KUB XXII 25 + KUB L 55 Rs 11; KUB LIII 12 III 18', IV 16
^{URU}*ha-ha-na-za* KUB LIV 67 Rs 5'

Stf. ^{URU}*ha-a-an-ha-na*^{KI} KUB XLVIII 102 Rs 2' (schon zitiert RGTC 6 S. 76 als LS 26)
^{URU}*ha-an-ha-an-na* KBo XVII 13 + KBo XXV 68 Rs 4; KUB LIII 4 Vs 24'
^{URU}*ha-an-ha-na* KBo XXII 71 I 3'(br.); KBo XXXII 184 Rs 11'; KUB LIII 1 I 6; KUB LIII 2 Vs 6; KUB LIII 3 I 20', 22', V 2(br.), VI 18; KUB LIII 7 + V! 8'; KUB LIII 12 III 13'; KUB LIII 14 + I 4, 16(br.), II 6, III 16'(br.), 17'(br.), IV 4'; KUB LIII 48 Vs 1(?); KUB LX 60 l.Kol. 4'; 1238/v, 4'(br.), 5'; 670/z IV 13'
^{D}*ha-an-ha-na* KUB LIII 4 Rs 19' (Fehler)
^{URU}*ha-an-ha-ni* KUB LIII 3 VI 12; KUB LIII 17 II 11'
^{URU}*ha-ha-na* KUB LIII 35 II$^{?}$ 4'(!)

br. ^{UR}]^{U}*ha-an-ha-*[HKM 81, 20; -*n*]*a* KUB LIII 7 + IV! 11'

(Die unv. Stellen zitiert aus V. Haas – L. Jakob-Rost, AoF 11 [1984] 10ff.).
¶ S. Alp, Belleten 164 (1977) b, S. 649ff. = Fs Edel (1979), S. 13ff. (İnandık); M. Forlanini, SMEA 18 (1977), S. 205 (Alaca Hüyük); M. Forlanini, SM 1 (1979), S. 176f. (um İnandık); M. Forlanini, SMEA 22 (1980), S. 76f. (N Sungurlu); M. Forlanini, ASVOA 4.3 (1986) Tav. XVI 2) m.K. (bei Sungurlu); RGTC 4 (1991), S. 48f.

Hanikawa → Haninkawa

Hanikalbat

akk. KUR ^{URU}*ha-ni-gal-bat* KBo XXVIII 113 Vs$^{?}$ 12'; KBo XXVIII 120, 12'(br.)

Haninkawa*

KUR *ha-ni-gal-bat* KBo XXVIII 65 Vs 3 (br.; schon zitiert RGTC 6
S. 78 als unv. 2539/c)

br.   *-ka]l-bat* KBo XXVIII 66 Vs 2

¶ RGTC 5 (1982), S. 117f.

Haninkawa*

Stf.   ^{URU}*ha-ni-in-qa-u-wa* HKM 54, 11
^{URU}*ha-a-ni-iq-qa-wa* HKM 55, 15

Ortsbestimmung: Bei **Tapika**/Maşat, s. → **Anzilija**.

Hantawa*

Nom.   ^{URU}*ha-an-da-u-wa-a-aš* StBoTB 1 I 70

Ortsbestimmung: Im Lande → **Tarhuntaša**.

Hantišizuwa*

Stf.   ^{URU}*ha-an-ti-ši-iz-zu-wa* HKM 99, 4

«Gathaili, Mann von H.».

Hanuha

vgl. ^D*ha-n[u-ha* KBo XXIV 117 r.Kol. 8' (irrig ergänzt ebd. S. XI als
Hapantali). S. → **Ištahiša, Kunkumuša, Urišta**.

Hanuwa

Stf.   ^{HUR.SAG}*ha-an-nu-u-wa* KBo XVII 89 + KBo XXXIV 203 Vs III 14'
(schon zitiert RGTC 6 S. 79 als unv. 1329/c Vs? 4)

¶ M. Forlanini, SMEA 18 (1977), S. 204 («nel massiccio dell'Ak Dağ»);
RGTC 4 (1991), S. 49.

Hanziwa

Stf.   ^{URU}*ha-an-zi-wa* KBo XXIII 27 I 14'
br.   ^{URU}*ha-a[n-* KUB L 108, 7' (// KUB XXII 51 Vs 10')

Zu KUB XXII 51 Vs 10'-11' s. RGTC 6 S. 347; KBo XXIII 27 ist ein hurrisches Šapinuwa-Ritual.
¶ M. Forlanini, RIL 126 (1992) (um Karamağara).

Hanzušra

¶ M. Forlanini, Fs Alp (1992), S. 173 (in der unmittelbaren Gegend von
→ **Kaniš**).

Hapala I

¶ J. Freu, *Luwiya* (1980), S. 265, 278ff.; M. Forlanini, ASVOA 4.3 (1986)
Tav. XVI 7) r.K.

Hapala II*

Stf.   ^{URU}*ha-ap-pa-l[a*(-) KUB XLVIII 105 + KBo XII 53 Rs 38

Ortsbestimmung: Ortschaft im Lande → **Tapika**.
¶ M. Forlanini, ASVOA 4.3 (1986) Tav. XVI 6) l.K.; M. Forlanini, VO 7
(1988), S. 153 (Kevela Kalesi auf dem Tekkeli Dağ NW von Konya).

Hapara

Akk.   ^{URU}*ha-pa-ra-an* HKM 6, 5; HKM 24, 28, 38; HKM 45, 4'

Ortsbestimmung: Bei → **Tapika**/Maşat Höyük, s. → **Kašipura**. Im Zusammenhang mit Kašipura auch in HKM 24 und 45 erwähnt. Hier ein-
zuordnen auch der Beleg ^{URU}*ha-[pa[?]]-ra* HKM 112, 4? Vgl. → **Ijakanui-
na**.

Hapatha

Abl.   ^{URU}*ha-ba-at-ha-az* KUB LIX 41 III 4'
        ^{URU}*ha-pa-at-ha* KUB LX 148 VI 14'

Schauplatz eines Rituals des «beständiges Festes» für den Wettergott von
Nerik. Vgl. → **Hanhana**.

Hapituini

Dat.   ^{HUR.SAG}*ha-píd-du-i-ni* HKM 46, 20

Hapšušuka*

Orstbestimmung: HKM 46, 18-21 «Ich werde die "Aufklärer über weite Strecken" schicken, um auf dem Berg H. Wache zu schieben» (Brief aus Maşat/Tapika).
¶ S. Alp, Belleten 164 (1977) a, S. 647 = Fs Laroche (1979), S. 31 (Yapraklıtepe?); M. Forlanini, SM 1 (1979), S. 180ff. («parte della catena che va dal Yıldız Dağ al Deveci Dağ»); M. Forlanini, ASVOA 4.3 (1986) Tav. XVI 2) r.K..

Hapšušuka*

Dat. ^{URU}*ha-ap-šu-šu-uq-qa* KUB LVIII 33 III 16'

Ortsbestimmung: Auf dem Wege von **Nerik** nach → **Taptina**, s. dort KUB LVIII 33 III 8'-22'.

Hapurija

br. ^{URU}*ha-a[p*$^?$*-* KBo XXXIV 138, 5'

¶ M. Forlanini, SMEA 18 (1977), S. 215ff. (um İznik)

[Hapušie]

Als ON gebucht von S. Alp, TTKY VI/34 (1991), S. XXVIII. Möglicherweise ist aber in HKM 107, 3-5 eher zu lesen: «[x] Dolche, 3 Sekel (Gewicht), *ha-ap-pu-ši-e*, oben auf der Stadt Tapika (befindlich). [Das] verwalten [Nun]nu (und) Muiri», also Bezeichnung der Dolchen.

Hapušna

¶ M. Forlanini, Fs Alp (1992), S. 172 (in der unmittelbaren Gegend von → **Kaniš**).

Harahšu

¶ RGTC 4 (1991), S. 50.

Harran*

akk. ^{URU}KASKAL-*na* KBo XXVIII 114+KUB III 1a+ Rs 27' = ^{URU}*ha[r-* KBo I 2 Rs 30'

Ortsbestimmung: Harrān, vgl. RGTC 3 (1980), S. 92, RGTC 5 (1992), S. 120. Sîn von H. in der Schwurgötterliste des Šuppiluliuma-Šattiwaza-Vertrags (KBo XXVIII 114 + wurde in Hattuša, KBo I 2 dagegen in Mitanni geschrieben).

Harana II/IV

Stf.   HUR.SAG*har-ra-n*[*a*] KBo XXXII 123 Rs? 6'

Haranaši

Stf.   URUHAR-*ra-na-aš-ši* KUB XXX 39 + KBo XXIII 80 + KBo XXIV 112 Rs 6'(br.), 7'(br.)
URUHAR-*ra-na-*[KUB X 48 + II 3 = -*r*]*a-na-aš-ši* KUB LV 5 I 12' (das Belegzitat RGTC 6 S. 83 unter **Harana** I ist damit zu streichen)

Ortsbestimmung: KUB LV 5 I 10'-12' // KUB X 48 + II 1-3: «Am nächsten Morgen aber fährt der König vom Zipalanta-Tor und begibt sich nach H. (... Am nächsten Morgen aber begibt sich der König nach Zipalanta)».

Harawana

¶ M. Forlanini, VO 7 (1988), S. 137 Anm. 36.

Harazuwa

Stf.   URU*ha-ra-az-zu-wa-a-aš* StBoTB 1 I 33, 34

Harharna

Stf.   LÚ URUHAR-*ha-*[*a*]*r-na* KBo XXXII 120 Vs 1
LÚ(MEŠ) URUHAR-*har-na* KBo XVII 21 + 46 + KBo XX 33 + KBo XXV 19 + KBo XXXIV 2 u.Rd. 40; KBo XXVII 39, 11'

¶ RGTC 4 (1991), S. 52.

Harhašuwanta

Nom.   URUHAR-*ha-šu-wa-an-ta-aš* StBoTB 1 I 53

Ortsbestimmung: Grenzstadt vom → **Hulaja**-Flußland.

Harija

Harija

Stf. ^{URU}ha-a-ri-ia HKM 55, 14
^{URU}ha-ri-ia HKM 54, 10; HKM 62, 4(br.); HKM 111, 24

Ortsbestimmung: Bei → Tapika/Maşat, → Anzilija. HKM 111, 24-27: «28 *parisu* Saatgetreide, in H. Himuili, Maruwa (und) Tiwaziti, der "Goldknappe", werden (es) aussäen».

Harijaša

Stf. ^{URU}ha-a-ri-ia-ša KUB XLII 29+ V 1'; KUB LI 23 Vs 12' (schon zitiert RGTC 6 S. 87 als unv. Bo 1094)
É.GAL ha-a-[r]i-ia-ša KUB XLVIII 105+KBo XII 53 Vs 22'

Vgl. → Harijašija.

Harijašija*

Stf. ^{URU}ha-ri-ia-ši-i[a KUB LVII 108 II 7'

KUB LVII 108 II 5'-10' (Kultordnung für Pirwa): «Gesamtsumme: 50 Häuser, darin 637 Deportierte [...] 10 Deportierte vom Palast des Priesters, 103 Deportierte [...] 40 Deportierte Weber von H. [...]; 8 Rinder, 202 Schafe, 5 *parisu* 2 *sutu* Weizen (ZÍZ), 40 [...]»; im vorigen Abschnitt wird auch der «Palast von → Harwašija» (Schreibfehler für Harijasija?) genannt. Wohl identisch mit → Harijaša.
¶ M. Forlanini, Heth 10 (1990), S. 118 (nördlich von Aksaray).

Harkiuna

¶ RGTC 4 (1991), S. 53.

Harmika → Hartimika

Harmima*

Nom. ^{URU}ha-ar-mi-ma-aš StBoTB 1 I 46
//ha-ar-mi-ma-aš KBo IV 10 Vs 27'

Ortsbestimmung: Grenzortschaft am → Hulaja-Flußland: «Von Zarnuša(ša) aus aber war ihm (bisher) H. die Grenze; ich, Meine Majestät,

habe ihm aber Upašana zur Grenze gemacht».
¶ H. Otten, StBoTB 1 (1988) 35.

Harnunuwa*

Stf.   ^{URU}HAR-*nu-un-nu-wa* KBo XXXIV 203 Vs II 3'; KUB XLII 108, 14'

«ZABABA von H.» (Liste von Gottheiten).

Harpanta

Abl.   ^{URU}HAR-*pa-an-[t]a*?-*az* KUB LI 33 I 9'

Nach H. Freydank (Hrsg.) S. VIII wäre eher **Harpanna** zu lesen, was ja auch möglich ist. Br. Kultordnung; außer H. werden als Kultlieferanten auch der «Palast von Kizimara» und das «Haus des Ijašur» genannt. Der nächste Abschnitt (I 18'ff.) wird einem «Wettergott von Zipalanta» gewidmet. Vgl. → **Hašuna**.

Harpina*

Stf.   ^{URU}HAR-*pí-na* KBo XXX 81 IV 7'

Ritual für den Wettergott von Zipalanta und Zinkuruwa in? H.

Harpiša I

Abk.   ^{U]RU}HAR-PIŠ KUB L 42 lk.Kol. 29'

Kultlieferungen, wohl Abkürzung für **Harpiša** I. Der ON fehlt im Index des Heftes, die Lesung des Determinativs ist aber nach der Autographie ziemlich sicher.

Harpušta

Stf.   KUR HAR-*pu-uš-ta* KUB XLIX 100, 6'; KUB L 108, 12'

Ortsbestimmung: KUB XLIX 100, 6'-7' (Orakelanfrage): «Seine [Majestät] wird gegen das Land Iška‹mahaš› kämpfen und nach H. hinuntergehen, ein anderer (General) wird [das Land] Ištahara von vorn schlagen», ferner KUB XXII 51 Vs 10'15' → **Kamama**.
¶ M. Forlanini, RIL 126 (1992).

Haršalaša

Haršalaša

Akk.   HA]R-*ša-la-aš-ša-an* KUB XLIX 11 II 4'

Ortsbestimmung: Br. Orakelanfrage über Feldzüge an der westlichen
Grenze von → **Azi/Hajaša**, nennt u.a. → **Ura I, Tahanišara** und **Tawatena**.

Haršalija

Stf.   ^{URU}HAR-*ša-li-ia* IBoT IV 2 III 8'

Haršama

¶ RGTC 4 (1991), S. 53f.

Haršumna

¶ RGTC 4 (1991), S. 54.

Hartana

Stf.   ^{URU}*ha-ar-ta-a-na* KUB XLVIII 105 + KBo XII 53 Rs 34 (schon zitiert
RGTC 6 S. 91).

Ortsbestimmung: Im Lande → **Kašija**.

Hartimika*

Stf.   ^{URU}*h*[*ar-‹ti-›m*]*i-ig-ga* KBo XIV 21 II 55

Lesung nach M. Forlanini, Fs Alp (1992), S. 172 (in der unmittelbaren
Gegend von → **Kaniš**). Vgl. unter **Harmika** RGTC 6 S. 89.

Hartitka*

Stf.   ^{URU}HAR-*ti-it-ka* KBo XXXII 197 Rs 2

«(Personennamen) in H.»; zum Text vgl. H. Otten, ZA 80 (1990), S. 226f.

Haruanta

¶ M. Forlanini, ASVOA 4.3 (1986) Tav. XVI 7) m.K.; M. Forlanini, VO
7 (1988), S. 160 (zwischen Beyşehir und Konya).

Harwašija

Gen. ^{URU}HAR-wa-ši-ia-aš KUB LVII 108 II 3'

«Palast von H.» als Lieferant. Nach M. Forlanini, Heth 10 (1990), S. 118, 125 Anm. 34 Schreibfehler für → **Harijaša/Harijašija**.

Harziuna

Nom. ^{URU}HAR-zi-u-na-aš KUB L 19, 6'(br.); KUB LIII 42 r.kol 9'

Stf.]^{URU}HAR-zi-ú-na KUB L 13, 2'
]HAR-zi-u-na KUB L 19, 4'

In KUB LIII 42 r.Kol. nebst → **Turmita**, **Katila** und dem Berg **Kamalija** erwähnt.
¶ M. Forlanini, SMEA 18 (1977), S. 214f. (in Lykaonien); J. Freu, *Luwiya* (1980), 239ff.; RGTC 4 (1991), S. 54f.

Hašarpanta*

Stf. ^{URU}ha-aš-ŠAR-pa-an-da HKM 57, 16

«Himuili und Tarhumuwa, zwei Männer von H.».

Hašhaša*

Nom. ^{URU}ha-aš-ha-ša-aš StBoTB 1 I 51

Ortsbestimmung: Grenzstadt des → **Hulaja**-Flußlandes.

Hašhašanta*

Stf. ^{URU}ha-aš-ha-ša-an-ta KUB LVIII 32 I 5(br.), 21(br.); KUB LIX 30 Vs 2'(br.)

Ortsbestimmung: Festbeschreibung für den Wettergott von → **Maštura**, nebst dem Wettergott von H. und der Sonnengöttin von → **Zihnuwa**, daher wohl identisch mit → **Hašhatata** und im Lande → **Zalpuwa** am Schwarzen Meer zu suchen. Vgl. **H]ašhašatta** unv. 2076/g Vs 7' (nach M. Popko, KUB LVIII S. V ad Nr. 33).

Hašhatata

Nom. ^{URU}ha-aš-ha-a-ta-at-ta-aš KBo XII 19 I 5' (vgl. E. Neu, StBoT 25 [1980] 231)

Stf. ha-aš-ha-a-ta-at-ta KUB XLVIII 12 II 5'

br. ^{URU}ha-aš-ha-a[t- KBo XII 19 I 3' (zur Lesung vgl. E. Neu, StBoT 25 [1980] 231 Anm. 781); -t]a-at-ta KUB XXVIII 76 + KBo VIII 133 III 12', 18'

Ortsbestimmung: Im Lande → **Zalpuwa** am Schwarzen Meer, wohl im Mündungsgebiet des Kızıl **Irmak**. **KBo XII 19 Vs I 2'-3'** (= E. Neu, StBoT 25 [1980] 231 Nr. 146): «Sie kamen aus Lihzina [...] er brachte aus Lihzina [...] im Lande Zalpuwa (in der) Stadt H.». KUB XLVIII 12 r.Kol. 3'-10': «[Wenn der 'Sohn'] (aus → **Mišturaha**) nach H. fährt, [wenn er] den Wald von Tahišama [erreicht], sagt der Gesalbte folgendermaßen auf: "Gnade, Tetahhiwala! Unter den Sterblichen Tetahhiwala (heißt du), unter den Göttern [...], o Göttin, o Königin!"», dann fährt der 'Sohn' nach → **Katašira** und weiter nach → **Kakšat**.
¶ M. Forlanini, ZA 74 (1984) 251 mit Anm. 24.

Haškahaškiwa[*

br. ^{URU}ha-aš-ka-ha-aš-ki-wa(-)x[KUB LX 20 Rs$^?$ 4'
URUha-[KUB XXXI 143a + VBoT 124 III 4'
^{URU}ha$^?$-a[š$^?$-k]a$^?$-[KUB VIII 41 III 1

Kult von → **Zalpa** am Schwarzen Meer.

Hašpina

¶ M. Forlanini, SMEA 18 (1977), S. 206.

Hašpinuwa

Stf. ^{URU}ha-aš-pí-nu-wa KUB LX 117, 11'

Gott [Nuba]tik von H.?

Haštuwa*

Gen. ^{URU}ha-aš-du-u-wa-aš KUB LV 54 I 34'
Stf. ^{URU}ha-aš-tu-u-wa KUB LX 147 IV 2, 5, 14

URU*ha-[aš-t]u-w[a]* KUB LX 147 IV 26

Wettergott von H., in KUB LV 54 zusammen mit u.a. den Wettergöttern von → **Hakmiš** und **Nerik**, Kapparijamuwa, Malija, Hapalija, Šišumma und verschiedenen LAMMA-Gottheiten, in KUB LX 146 zusammen mit u.a. Tašmetum, Halki, dem Wettergott von Zipalanta, LAMMA, Hatepinu und dem Berg Ištaharunuwa verehrt. Schauplatz des Kultes ist anscheinend die Stadt → **Ištahara**.

Hašuna

Stf.   URU*ha-šu-na* KUB LV 14 Rs 6'; KUB LVII 102 I? 17'; KUB LVIII 71 Vs 5', 7', 9', 13', Rs 4, 6

br.   URU*ha-[š]u?-n[a?* KUB LI 33 I 23' (nach H. Freydank Hrsg.)

Festbeschreibungen für den Wettergott von H. und den Berg → **Pahašunuwa**. Unter den Lieferern von Opfergaben u.a. die Städte → **Harpanta** und **Tiura**, die auch in der Šahurunuwa-Urkunde vorkommen (RGTC 6 S. 89 bzw. 430).

Hašuwa

Abl.   URU*ha-aš-šu-wa-za* KUB XLVIII 99, 7'

Stf.   *h]a-aš-šu-wa-za* KUB LIII 56 Rs 1' (nach L. Jakob Rost Hrsg.)

¶ M. Forlanini, SM 1 (1979), S. 172 Anm. 28 (um Maraş); M. Forlanini, ASVOA 4.3 (1986) Tav. XVI 5) l.K.; RGTC 4 (1991), S. 56.

Hašuwanta*

Nom.   URU*ha-aš-šu-wa-an-ta-aš* StBoTB 1 I 50, 66

Ortsbestimmung: Grenzstadt zwischen dem **Hulaja**-Flußlande und den Gebieten von → **Ušaula** und **Walma**.

Hatana

¶ M. Forlanini, ASVOA 4.3 (1986) Tav. XVI 7) m.K.; M. Forlanini, VO 7 (1988), S. 160 (Kotenna/Gödene südlich von Beyşehir).

Hatanta*

Hatanta*

Stf. ^{URU}*ha-da-an-ta* KUB LIV 67 Rs 12', 15'

Ortsbestimmung: Wohl bei → **Tawinija** (br. Kultordnung: solange man den Tempel der Katahha in H. nicht gebaut hat, sollen die Feste in Tawinija gefeiert werden).

Hatarina

Stf. ^{URU}*ha-at-ta-ri-na* KBo XXXIV 203 Rs IV 5; KUB XLV 34, 10', 14(br.), 16'(br.), 18, 20, 21(br.); KUB XLV 35 IV 4'(br.); KUB XLV 36 Vs II$^?$ 5', 7', 9'(br.); KUB XLV 37 III 1', 4', 6', 8', 11'; KUB XLV 38, 4', 6', 8', 10', 12'(br.); KUB XLV 39 Vs II$^?$ 16'(br.), Rs III 6'; KUB XLVII 69 Vs$^?$ 6'; KUB XLVII 70 Vs 4(br.); KUB LI 86, 15', 17'(br.); StBoTB 1 III 92
^{URU}*ha-ad-da-ri-na* KUB XLV 41 III 2'

Hataršuwa*

br. ^{URU}*ha-tar-šu-w[a* KBo XXVI 222 r.Kol. 5'

Hatina

Nom. KUR ^{URU}*ha-at-ti-na-aš* KUB LVI 48 IV 22'
Stf. ^{URU}*ha-at-ti-na* KBo XXXIV 106 I 1
^{URU}*ha-ti-na* KBo XXIII 89, 17'
^{URU}*ha-at-t[e-na* KUB LX 148 I 3
br. KUR *ha-at-[* KUB LVI 48 IV 25'

KBo XXXIV 106(+)KBo XXI 81 Vs I 1-3: «Gottheiten von H.: Wettergott [...], Zahpuna, Berg Haha[ja ...], Halki$^!$» (Kultordnung)
¶ M. Forlanini, SMEA 18 (1977), S. 204f. (bei Mamure); M. Forlanini, SM 1 (1979), S. 180 Anm. 76 (Alaca Hüyük); M. Forlanini, ASVOA 4.3 (1986) Tav. XVI 2) m.K. (Alaca Hüyük?).

Hatinzuwa

Stf. ^{URU}*ha-te-en-zu-wa* KUB LV 43 I 1, 6, 23, II 21, IV 20', lk.Rd. 4 (teilweise schon zitiert RGTC 6 S. 102f. als unv. Bo 2393 + 5138)
br. ^{URU}*ha-te-en-zu-[* KBo XXX 38 Vs$^?$ 10'; *-e]n-zu-wa* KUB LX 68, 3'

Hatra

Der Beleg **Hatr]a** KUB XLVII 64 II 26, gebucht ebd. S. XII, ist zu streichen: die zwei senkrechten Keile gehören nicht dem Zeichen RA, sondern dem Zeichen MIN (KI].MIN), vgl. KUB XXVII 1 Vs I 56. ¶ B.J. Collins, Or 56 (1987), S. 136ff.

Hatuhina*

Stf. ^{URU}*ha-ad-du-hi?-[n]a* KUB XLVIII 105 + KBo XII 53 Vs 21' (vgl. RGTC 6 S. 99)

Ortsbestimmung: Im Lande → **Turmita**.

Hatuna*

Stf. ^{URU}*ha-ad-du-na* KBo XVIII 155, 8

Hat-x-nu*

Stf. ^{URU}*ha-at-[x-]x-nu* KUB XLVIII 105 + KBo XII 53 Vs 22'

Ortsbestimmung: Im Lande → **Turmita**.

Hautaša

Nom. ^{URU}*ha-ut-ta-aš-ša-aš* StBoTB 1 I 27, 28

Ortsbestimmung: Grenzstadt zwischen → **Pitaša** und dem **Hulaja**-Fluß-Land, → **Nahanta**.

Hawa

Nom. ^{HUR.SAG}*ha-u-wa-aš* StBoTB 1 I 19

¶ J. Freu, *Luwiya* (1980), S. 243, 248f. (= → **Hana**?).

Hawalija

Abl. ^{URU}*ha-u-wa-li-ia-az* StBoTB 1 I 53

Ortsbestimmung: «Von H. aus aber (sind) ihm Walwara, Harhašuwanta, Tarapa, Šarnanta, Tupiša, Paraijaša (und) das Landgut von Nata die

Hawalta*

Grenze; diese Ortschaften und das Landgut von Nata gehören dem Hulaja-Flußlande».

¶ M. Forlanini, ASVOA 4.3 (1986) Tav. XVI 7) m.K. (um Alanya).

Hawalta*

Stf. ^{URU}ha-wa-al-ta HKM 73, 5, 12

Hawarkina

Nom.   KUR ^{URU}ha-wa-ar-ki-[na-aš] KUB LVI 48 IV 21'
br. ^{URU}ha-wa-a[l- KUB LIII 21 Vs 7'; ^{URU}ha-[KBo XXIII 95 lk.Rd. 1;
       -w]a-a[r- KUB LVI 48 IV 23'

Hazi

Stf. $^{HUR.SAG}$ha-az-zi KBo XXIII 71, 2'(br.), 4'; KBo XXXIII 133 Rs 2';
        KUB XLVIII 84, 8'; KUB XLVIII 86 I 14'(br.), 17'
        ha-az-zi KUB XLVI 47 Vs 11'; KUB LV 58 Vs 27'(br.)
hur.   ha-az-zi-in KUB XXVI 38 I 11'
        ha-az-zi-iš KBo XXIII 43 + KBo XXIV 63 III 4'
        ha-az-z[i KUB XXVI 34 II 4'
        ha-zi-iš KBo XXVII 117 Rs 9'
        ha-zi-ta KBo XXV 190 + KBo XXXIII 107 Vs 10'; KBo XXVII 160,
        8'(br.)
        ha-zi-ra-am KUB XLVII 78 I 3'
        -z]i-i-wa$_a$ KUB XXVI 38 I 9'

Zu ^{d}H. vgl. E. Laroche, Heth 5 (1983) S. 49 Anm. 4.
¶ E. Laroche, RHA 34 (1976), S. 100.

Hazi[

Stf. $^{HUR.SAG}$ha-zi(-)t[a$^?$(-) KUB XLIX 74, 4'

Nach A. Archi (Hrsg.) dasselbe wie Berg Hazi.

Hehe

¶ RGTC 5 (1982), S. 125.

Hija[*

Stf.   HUR.SAG*hé-i-ia-x*[KUB XLVI 45 Rs? 14'

In br. Zusammenhamg neben → **Tumana** erwähnt.

Hilaluha*

Stf.   URU*hi-la-lu-ha* KUB LVII 84 III 17' =
URU*hi-e-la-l*[u- KUB LVII 82, 2'

Ortsbestimmung: KUB LVII 84 III 14'-24': «Leute von Zihnuwa gehen
ins Land Taruka und laufen zu 8 Städten hin: Tašpina, H.,
Inzilitipa, Tuntiraha, Kiziwar, Kapušku, Zuluza (und) Kaumar; sie
sammeln Mädchen in diesen Städten und bringen sie nach Urima».
¶ M. Forlanini, ZA 74 (1984) 258 Anm. 57 (= → **Ilaluha**; in
Paphlagonien).

Hilara[*

Stf.   URU*hi-la-ra*[(-) KUB XLIX 51 II 5'

Hilika

¶ M. Forlanini, VO 7 (1988), S. 159 Anm. 138 (um Niǧde).

Himuwa

Stf.   URU*hi-im-mu-wa* KUB XL 110 Vs 11'; HKM 13, 4

«Marruwa, Mann von H.», in Maşat.
¶ RGTC 5 (1982), S. 126f.; M. Forlanini, Heth 5 (1983), S. 16 Anm. 12f.
(um Tokat, am oberen Yeşil Irmak); B.J. Collins, Or 56 (1987), S. 136ff
(es sei mit zwei Ortschaften gleichen Namens zu rechnen).

Hintuwa

¶ J. Freu, *Luwiya* (1980), S. 317f. (Kindya in Karien oder Kandyba in
Lykien); M. Forlanini, ASVOA 4.3 (1986) Tav. XVI 7) r.K. (nicht =
Kanduwa bzw. Kindya!).

Hipurija

Hipurija

Stf.   ^{URU}*hi-pu-ri-ia* KUB LX 47 Rs.? 6'

Vgl. → **Arina**.
¶ M. Forlanini, SMEA 22 (1980), S. 77.

Hišašhapa

Stf.   ^{URU}*hi-iš-ša-aš-ha-pa* StBoTB 1 III 83
br.   ^{URU}*hi-i*[*š*- KUB XLVII 64 II 22

Hišurla

Abl.   ^{URU}*hi*-ŠAR-*lu-wa-az* KUB XXV 13 + KUB XLIV 8 + KUB LVIII 22
        I 28'
Stf.   ]*hi*-ŠAR-*la* KUB LIV 45 Vs.? 9'
br.   ^{URU}*hi*-[KBo XXX 117 Vs 6' (nach H. Otten-Chr. Rüster Hrsg.)

Hiwašaša

¶ J. Freu, *Luwiya* (1980), 241f.

[Hoher Berg]

Abl.   *pár-ga-u-wa-az*(-*ma-aš-ši*) HUR.SAG-*az* StBoTB 1 I 49

In der Grenzbeschreibung des Landes → **Tarhuntaša** (vgl. RGTC 6 S.
468) ist die Bezeichnung *parkawaz* HUR.SAG-*az* nunmehr «Von der Höhe
des Gebirges» (mit H. Otten, StBoTB 1 [1988] 35) zu übersetzen und
mit dem Berg → **Šarlaimi** (KBo IV 10 Vs 28, StBoTB 1 I 48) in Beziehung
zu bringen.

Hula

Stf.   ^{HUR.SAG}*hu-ul-la* KBo XXIII 60, 8'; KUB LIX 1 VI 9'

Hulaja

Nom.   KUR ^{ÍD}*hu-u-la-ia-aš* StBoTB 1 II 4 (Gen. nach H. Otten ebd.)
Stf.   KUR ^{URU.ÍD}*hu-u-la-ia* StBoTB 1 I 67, 86, III 45

KUR ^{ÍD}*hu-u-la-ia* StBoTB 1 I 20, 28, 30, 33, 38, 40, 41, 44, 47, 52, 56, 59, II 5, 62, III 32

¶ J. Freu, *Luwiya* (1980), 234ff., 246ff.; M. Forlanini, Heth 6 (1985), S. 63 Anm. 76 («dans la plaine du Çarşamba»); M. Forlanini, ASVOA 4.3 (1986) Tav. XVI 5) r.K.; M. Forlanini, VO 7 (1988), S. 149ff. (der Çarşamba-Tal).

Hulaša

Stf. ^{URU}*hu-u-la-aš-ša* KBo XXV 191 Rs? 5′, 9′
br.   *-l]a-aš-ša* KBo XXX 119 Rs? 13′
    -š]a KUB XLVII 64 II 25

Zu ergänzen wohl noch in KBo XXX 119 Vs? 3′, 19′, Rs? 23′: ^{D}IŠKUR ^{URU}[H.

J. Freu, *Luwiya* (1980), 202.

Hulušiwanta

¶ J. Freu, *Luwiya* (1980), S. 275ff.

Hunhuišna

¶ M. Forlanini, VO 7 (1988), S. 137 Anm. 36

Huntara

br.   [K]UR ^{URU}*hu-un-t[a-* KBo XXXIV 91, 5′

Hupa*

Dat. ^{URU}*hu-up-pa* KUB LVI 51 I 15
Abl. ^{URU}*hu-up-pa-az* KUB LV 51 I 10
Stf. ^{URU}*hu-u-up-pa* KUB LVI 51 I 20

Orstbestimmung: KUB LVI 51 I 9-10: «Wenn der Gott Kantipuiti aus Hattuša hinab den Weg nach Tuwanuwa fährt, (liefert man) 2 *parīsu* Weizen (ZÍZ) (und) 2 Gefäße *pīhu*-Bier für die Kultreise des Kantipuiti aus H. Ein Fest». Beschreibung des Festes in H. selbst, mit einem Opfer an der Quelle → **Kaštama**, ebd. 15-22.

Hupišna

Gen. ^{URU}hu-pí-iš-ša-na-aš StBoTB 1 IV 1

[URU]hu-piš-ša-na-aš KUB LVII 87 II 9

^{URU}hu-pí-iš-na-aš KBo XXXII 184 Rs 10'

Stf. ^{URU}hu-u-pí-iš-na KBo XXIII 29 Vs 4'; KBo XXIII 38 Vs 1, 2; KBo XXX 160, 5'

^{URU}hu-piš-na KUB LVI 18 Vs$^?$ 4'; KUB LX 112 lk.Rd. 1(br.)

Eth. ^{URU}hu-u-pí-i[š-na-il] KBo XXX 6, 8'

br. ^{URU}hu-pí-[KBo XXVIII 114 + KUB III 1a + Rs 23'

KBo XXXII 184 Rs 10'-11' (Landschenkungsurkunde des Zidanza): «[...] Feld auf dem Weingarten von H. [...] rechts der [Weg], in H.».
¶ M. Forlanini, VO 7 (1988), S. 138; RGTC 4 (1991), S. 45.

Hurri

Stf. KUR ^{URU}hur-ri KUB LIV 1 + 552/u (H. Otten, ZA 75 [1985] 143) II 51; KUB LVI 19 II 17; KUB LVI 31 IV$^?$ 21'; HFAC 72 Rs 2'

KUR hur-ri KUB LI 21 Vs 5' (nach H. Freydank Hrsg.); KUB LX 109 Rs 18'(!); HFAC 72 Rs 6'

^{URU}hur-ri KBo XXVII 164, 6'(br.); KUB XLV 42 Vs l.Kol. 2'; KUB LVII 90 I$^?$ 10'; KUB LVIII 43 I 6'

hur-ri KBo XXX 62 Rs$^?$ 2'

Adj. ^{URU}hur-li-eš KBo XXXIV 156 Rs 8'

h]ur-li-iš KBo XXIV 101 Rs 5

^{URU}hur-la-aš KUB XLI 5 + KUB XLIV 54 + IBoT II 46 IV 4'

akk. KUR hur-ri KBo XXVIII 92, 6'; KBo XXVIII 110, 40''(br.), 47''

LÚ hur-ri KBo XXVIII 110, 41'', 64'', 65''

DUMU.MEŠ hur-ri KBo XXVIII 114 + KUB III 1a + Rs 40', 43'

Adv. ^{URU}hur-li-li KBo XXIV 77 Rs 5'

hur-li-i-li KBo XXXIII 36, 5'

hur-li-li KUB XXXII 49 + KBo XXI 33 + KBo XXIII 12 + KBo XXIV 66 I 16, 23, 34, 37, 49, 56, 61, II 1, 9, 19, 26, 29, 33, 36, 41, 46, 55, III 2, 12, 30, 44, IV 3, 16, 19, 23, 27, 36, 65, 68, 69; KBo XIX 144 + KBo XXVII 154 I 16', IV 2'(br.); KBo XX 128 + KBo XXI 28 + 29 + KBo XXIII 46 + KBo XXIV 57 + KBo XXVII 175 + FHG 12 I 33, 38'(br.), II 30, 37, 41, 50, III 12', 21', IV 7'(br.), 15'; KBo XX 129 + KBo XXIII 6 + KBo XXVII 100 + KUB XXXII

29 + ABoT 39 + FHG 20 I 42(br.); KBo XXIII 23 + KBo XXXIII
118 Rs 84'; KBo XXIII 42 + KBo XXVII 119 + KBo XIV 130 I 18,
IV 15', 26'(br.); KBo XXIII 43 + KBo XXIV 63 II 6', 15', III 14';
KBo XXIII 44 I 15(br.), IV 2', 5', 6'(br.); KBo XXIII 45 IV 8,
11(br.); KBo XXIV 42 III 16'; KBo XXIV 43 I 5', 16'; KBo XXIV
71 + KBo XXVII 124, 20'; KBo XXVII 85 + KBo XXXIII 1 Rs 20';
KBo XXVII 92 + KBo XX 142 + KUB XXXII 51 Vs I 45''; KBo
XXVII 120 r.Kol. 9'; KBo XXVII 121, 7'; KBo XXVII 122, 6'(br.);
KBo XXVII 123, 3'; KBo XXVII 125, 8'(br.); KBo XXVII 126,
6', 15'(br.); KBo XXVII 127 Rs 3'(br.), 8'; KBo XXVII 128, 2,
7(br.); KBo XXVII 129, 10'(br.); KBo XXVII 138, 6'; KBo XXVII
139 + 161 Vs$^?$ I 3'(br.), 13', 15'(br.), 17'(br.), Rs$^?$ IV 8'(br.); KBo
XXVII 140 + KBo XXXIII 38 + KUB XLV 30 IV 2, 20'; KBo
XXVII 141 Vs 8'(br.), Rs 6'(br.); KBo XXVII 142, 3', 15'; KBo
XXVII 143, 12'(br.); KBo XXVII 144 r.Kol. 5'(br.), 7', 11'(br.);
KBo XXVII 145 lk.Kol. 9'(br.), r.Kol. 2'(br.); KBo XXVII 146,
7'(br.); KBo XXVII 147, 12; KBo XXVII 148, 8', 14'; KBo XXVII
150, 9'(br.), 11'(br.); KBo XXVII 151 I 11'; KBo XXVII 158, 8';
KBo XXVII 159 + KUB XLV 26 II 4, 10; KBo XXVII 162 + 49/b
r.Kol. 1', 7'(br.); KBo XXVII 166, 6'; KBo XXVII 173 + KUB
XXXII 57 Rs 10(br.); KBo XXVII 177 r.Kol. 5'(br.); KBo XXXIII
18, 6'(br.); KBo XXXIII 19, 3'; KBo XXXIII 22, 5'; KBo XXXIII
24 + KUB XLVII 45 III$^?$ 12', 16'; KBo XXXIII 29 Vs$^?$ 5'(br.),
10'(br.); KBo XXXIII 30 I 9'; KBo XXXIII 31, 3'(br.); KBo
XXXIII 33, 4''; KBo XXXIII 34, 4'; KBo XXXIII 35, 5'; KBo
XXXIII 37 + IBoT II 48 II$^?$ 7'; KBo XXXIII 39, 3'(br.), 6'; KBo
XXXIII 40 Rs 15'; KBo XXXIII 41, 7'; KBo XXXIII 102 + 200
Rs 2, 6(br.), 9, 12; KBo XXXIII 126 II 5(br.); KBo XXXIII 158 I
8'; KBo XXXIII 217, 3'(br.); KUB XLV 2 II 4', 19'; KUB XLV
3 + KUB XLVII 43 I 2, 12, 20(br.), 23, 30; KUB XLV 5 Vs$^?$ II 8',
Rs$^?$ III 7', 13'; KUB XLV 6 r.Kol. 7', 9', 11'; KUB XLV 8a I 10;
KUB XLV 10, 5'; KUB XLV 12 II 7(br.); KUB XLV 16, 5'(br.);
KUB XLV 24 I 13; KUB XLV 27 I 4'; KUB XLVII 51 IV 21';
FHL 69, 7'(?)

Hurma

Gen. ^{URU}*hur-ma-aš* StBoTB 1 III 96

Hurna

Stf.   KUR *hur-ma* KUB L 14 IV 11'
         URU*hur-ma* KUB XLVIII 82, 9'; KUB LVI 56 I 21'(br.), IV 3, 6, 23, 27

¶ M. Forlanini, SM 1 (1979), S. 172f.; M. Forlanini, Heth 6 (1985), S. 54, 64 Anm. 81; M. Forlanini, ASVOA 4.3 (1986) Tav. XVI 3) l.K.; Kh. Nashef, *Reiserouten* (1987), S. 5, 39; M. Forlanini, Heth 10 (1990), S. 122f. Anm. 15.; RGTC 4 (1991), S. 60f.; M. Forlanini, Fs Alp (1992), 175.

Hurna

Stf.   URU*hur-na*[KBo XXIV 122, 8'

¶ M. Forlanini, SMEA 18 (1977), S. 201f. («fra Osmancık e Laçin»); **M. Forlanini, Heth 10 (1990), S. 122f. Anm. 15.**

Hurnija

Stf.   KUR URU*hur-ni-ia* StBoTB 1 III 48
         URU*hur-ni-ia* KUB LVII 87 II 6

Ortsbestimmung: StBoTB 1 III 47-53: «Die Ortschaften, die inmitten des Landes Hattuša, inmitten des Gebirges Huwatnuwanta, inmitten des Landes Kizuwatna, inmitten des Landes H., inmitten des Landes Ikuwanija und inmitten des Landes Pitaša, in welchem Lande auch immer (sind), die Ortschaften, die dem Wettergott *pihašaši*, der Gottheit von Parša, der *IŠTAR* von Inuita und dem beständigen Felsheiligtum des Königs vom Lande Tarhuntaša (und) seinem Haus gehören, für sie soll kein Frondienst (und) Abgabe bestehen!»; KUB LVII 87 Vs II (Götterliste): «*IŠTAR* von Lanta, Tarupšani, Muwatti, Pipira, MAH von Šahanija, Nawatijala, männliche (und) weibliche Gottheiten, Berge (und) Flüsse insgesamt von H., GAZ.BA.A.A, LAMMA, GAZ.BA.A.A, männliche (und) weibliche Gottheiten, Berge (und) Flüsse insgesamt von Hupišna, Stadt Tuna, Stadt Zalara, Berg Šaparašana, [...], Stadt Šaparašana, [Gottheit] von Arušna, Wettergott, LAMMA, [...], Šarruma vom [Hulaja]-Flußlande [...]». Mit diesen Belegen scheidet die RGTC 6 S. 126 vorgebrachte Identifizierung mit Hurna aus.

¶ M. Forlanini, VO 7 (1988), S. 137f., 152 («nell'area fra il Tauro, il fiume Hulaya e Kibistra/Ereğli, cioè, orientativamente, nei pressi del Karadağ»).

Hurša[

br.   ^{URU}*hu-ur-š*[*a*(-) KBo XXIII 81, 3′, ^{URU}*hu-u*[*r*- ebd. 5′

Huršama

¶ RGTC 4 (1991), S. 53f.

Huršana

Abl.   ^{HUR.SAG}*hu-u-ur-ša-na-za* KBo XXVI 79, 16′ (schon zitiert RGTC 6
S. 128 als unv. 1313/u + 1378/u)

Huršanaša

¶ J. Freu, *Luwiya* (1980), S. 316f.

Huruhiš

¶ Kh. Nashef, *Reiserouten* (1987), S. 76

Huruta

¶ M. Forlanini, VO 7 (1988), S. 152; RGTC 4 (1991), S. 62.

Huša

Stf.   ^{URU}*hu-u-uš-ša* KUB XLVIII 85, 6′

Hutuaša*

Nom.   ^{URU}*hu-ud-du-aš-ša-aš* StBoTB 1 I 70

Ortsbestimmung: Im Lande → **Tarhuntaša**.

Huwahuwarwa*

Nom.   ^{URU}*hu-wa-ah-hu-wa-ar-wa-aš* StBoTB 1 I 65

Ortsbestimmung: Grenzstadt zwischen → **Walma** und dem → **Hulaja**-Fluß-
lande.

Huwalušija

Huwalušija

¶ M. Forlanini, SMEA 18 (1977), S. 215ff. (um Eskişehir); J. Freu, *Luwiya* (1980), S. 275ff.

Huwantaruwanta*

Stf.　]*hu-wa-an-da-ru-wa-an-da* KUB LII 80, 8'

Br. Orakelanfrage, Angelegenheiten in verschiedenen Städten betreffend: Z. 3' «[In] der Stadt *ši-wa-x-na* d[itto]», Z. 5' «[In] der Stadt Kariuna ditto», Z. 8' «[In der Stadt] H. ditto» (nach G. Beckman, BO 42 [1985] 141 dagegen wäre es kein ON, sondern ein Adjektiv).

Huwatnuwanta

Nom.　[HUR.S]AG*hu-wa-at-nu-wa-an-da-aš* KUB LVIII 15 I 15
Stf.　HUR.SAG*hu-wa-at!-nu-wa-an-na* KUB LVIII 15 I 10
　　　HUR.SAG*hu-u-wa-at-n[u?-* KBo XXV 162, 5
　　　HUR.SAG*hu-u-wa-at-nu-wa-an-ta* StBoTB 1 I 29, III 47

Vgl. noch StBoTB 1 III 47-53 → **Hurnija**. In KUB LVIII 15 Vs 10-15 (br. Kultordnung) in unklarem Zusammenhang mit dem «König von Kušar» genannt; ebd. 10: «Fluß Hulana (geschrieben SÍG) des Berges H.». KBo XXV 162 ist eine Liste von (göttlichen?) Bergen.
¶ J. Freu, *Luwiya* (1980), S. 243f., 248ff.; M. Forlanini, VO 7 (1988), S. 150 (bei Konya).

I

Ijahriša

¶ H. Otten, RlA 5 (1976-1980), S. 244.

Ijakanuina

Stf. ^{URU}ia-ag-ga-nu-e-na HKM 112, 4

«Leute von Hapara (?) wohnen in der Umgebung von I.». S. Alp, TTKY VI/34, S. XXIX liest «Iyagganue[š]ki (?)».

Ijalanta

Stf.   KUR i-ia-la-an-ta KUB XLIX 79 I 23', 25'[!]
^{URU}i-al-an-ta KUB LVI 31 IV? 13' (nach H. Klengel Hrsg.)

br.   KUR ^{URU}i-ia-[KBo XXVII 4, 7'; [KUR ^{U}]^{RU}i-ia-l[a- KBo XXXIV 91, 6'

KUB XLIX 79 I 23' (br. Orakelanfrage): «Weil der Feind vom Lande I. [...]», vorher (I 14') wird das Land → Karkija erwähnt; in KBo XXVII 4 in Zusammenhang mit Pijamaradu. Der Beleg KUB LVI 31 (Gelübde der Zeit des Tuthalija IV) ist wohl von dem westanatolischen ON getrennt zu halten: «[Folgendermaßen] gelobte [Seine Majestät] dem Fluß Šipa in I.»; weitere Gelübde werden Gottheiten nordsyrischer Städte (**Halap**, **Mušunipa**, **Tupa**) gewidmet.
¶ S. Heinhold-Krahmer, RlA 5 (1976-1980), S. 254f.; J. Freu, Luwiya (1980), S. 306ff. (Alinda östlich von Milet).

Ijalija*

Nom. $^{HUR.SAG}$i-ia-li-a[š? KUB LIII 42 r.Kol. 8'

In Zusammenhang mit → **Katila** erwähnt.

Ijama

Ijama

¶ M. Forlanini, VO 7 (1988), S. 152 (nördlich von Beyşehir?).

Ijaruwa(n)ta

¶ W. Röllig, RlA 5 (1976-1980), S. 266f. s.v. Jarmuti, Jarimuta.

Ijašanta

Gen. ^{URU} *i-ia-ša-an-ta-aš* StBoTB 1 I 82

«*duddušhijala*-Leute von I.», zwischen Leuten verschiedener Ortschaften, beschrieben als: «Wer auch immer (von den) Hilfskräften, Handwerkern und Bauern inmitten des Landes Tarhuntaša und inmitten des Hulaja-Flußlandes ist», und als Ortschaften, die Hattušili III dem Kurunta «mit dem nackten Mauerwerk» gegeben hatte (Vs I 85-87).

Ijawanta

¶ M. Forlanini, SMEA 18 (1977), S. 215ff. («nella catena che si estende dall'Ulu Dağ di Bursa fino a nord del Porsuk Çay).

Ikinkali(š)

Stf. ^{URU} *i-ki-in-kal* KBo XXXII 19 II 1
br. ^{URU} *i-ki-in-*[KBo XXXII 19 II 5
^{URU} *i-k*[*i-* KBo XXXII 22 II 1'
-k]*i-ga-li-eš-ša-x*[KBo XXXII 22 II 5'
-i]*š-ša* KBo XXXII 19 III 30'
hur. *i-ki-in-kal-i-iš-ša* KBo XXXII 19 I 5; KBo XXXII 20 IV 17'
^{URU} *i-ki-in-kal-iš-hé-na-a-ma* KBo XXXII 19 I 1
i-ki-in-kal-iš-hi-na-a-ma KBo XXXII 20 IV 15
i-ki-in-ga-li-iš-hi-i-na-am-ma KBo XXXII 15 I 23'
-i]*š-hé-na-m*[*a* KBo XXXII 21 I 1'

Vgl. → **Ikakali(š)** RGTC 6 S. 136f.

[Iku-]

Gebucht von L. Jakob-Rost Hrsg., KUB XLVI Inh. S. X, ist nach E. Laroche, RHA 33 (1975) S. 67 zu streichen.

Ikuwanija

Stf.   KUR ^{NA4}*ik-ku-wa-ni-ia* StBoT 1 III 48

S. → Hurnija.
¶ H. Otten, RlA 5 (1976-1980), S. 45 (unv. 166/v, 5); M. Forlanini, ASVOA 4.3 (1986) Tav. XVI 6) l.K.; M. Forlanini, VO 7 (1988), S. 152 (um Konya).

Ilaja

Stf. ^{URU}*el-la-ia* StBoTB 1 III 95
^{URU}*il-la-ia* KBo XVII 89 + KBo XXXIV 203 Vs II 4'(br.); KUB LIII 35 I? 2'

Ilaluha → Hilaluha

Elam

hur.   *i-lam-tu-u-hi* KBo XXVII 85 + KBo XXXIII 1 Vs 18'

Irrig V. Haas, ChS I/1 (1984): *bi-e-tu-u-hi*.
¶ E. Laroche, RHA 34 (1976), S. 77; H. Otten, RlA 5 (1976-1980), S. 49; RGTC 5 (1982), S. 102f.

Ilanzura

¶ H. Otten, RlA 5 (1976-1980), S. 49; K. Kessler, *Untersuchungen* (1980), S. 86f. mit Anm. 339; M. Astour (1992), S. 1ff.

Ilawa*

hur. ^{URU}*i-la-a-wa$_a$-a-an* KUB XLVII 6 II 9

¶ E. Laroche, RHA 34 (1976), S. 120

Ilipra

Ilipra

¶ K. Kessler, RlA 5 (1976-1980), S. 60; M. Forlanini, VO 7 (1988), S. 144 (Viranşehir westlich von Tarsus); M. Forlanini, ASVOA 4.3 (1986) Tav. XVI 4) r.K.

Ilurija

¶ H. Otten, RlA 5 (1976-1980), S. 61; M. Forlanini, SMEA 18 (1977), S. 202f. («nella catena che dall'İlgaz Dağ si prolunga fino a nord di Kargı»).

Imrala

¶ H. Otten, RlA 5 (1976-1980), S. 74.

Imunija[*

br. ^{URU}i-mu-un-$i[a(-)$ KUB LII 89 II$^?$ 2'

Ina[*

br. $^{H]UR.SAG}in$-na-[KBo XXXIV 149+KUB XXXIV 127 III 6

Inatarzija

¶ H. Otten, RlA 5 (1976-1980), S. 90.

Intuhu[*

br. $^{URU?}in$-tu-uh-$h[u$- KBo XII 19 I 4'

Lesung nach E. Neu, StBoT 25 (1980) 231; vgl. M. Forlanini, ZA 74 (1984) 251. In Zusammenhang mit → **Zalpuwa** am Schwarzen Meer, **Hašhatata** und **Lihzina** erwähnt.

Inurta*

Nom. ^{URU}i-nu-u-ur-ta-$aš$ StBoTB 1 I 72

Ortsbestimmung: Im Lande → **Tarhuntaša**.

Inutahapa*

Stf. ^{URU}*in-nu-ta-ha-pa*[KUB LII 68 III 31′, 44′

Zorn der Gottheit Tarupašani von I. (br. Orakelanfrage).

Inuwita

Stf. ^{URU}*in-ú-i-ta* StBoTB 1 III 51

IŠTAR von I., → **Hurnija**.

Inzili*

Stf. ^{URU}*in-zi-li* HKM 104, 5; HKM 107, 6

Wohl bei → **Tapika**/Maşat Höyük, s. dort.

Inzilitipa*

Stf. ^{URU}*in-zi-li-ti-pa* KUB LVII 84 III 18′

Ortsbestimmung: Im Lande → **Taruka**, s. → **Hilaluha**.

Ipašana

¶ M. Forlanini, SM 1 [1979], S. 177 (Inevi).

Ebla

Akk. ^{URU}*e-ib-la-an* KBo XXXII 19 II 24, III 49′
Dat. ^{URU}*e-ib-la-i* KBo XXXII 19 II 21(br.), III 37′, 46′
       ^{URU}*e-ib-la* KBo XXXII 19 II 7, 12; KBo XXXII 22, 7′(br.)
Gen. ^{URU}*e-ib-la-aš* KBo XXXII 19 II 27, 33
Eth. $^{UR]U}$*e-ib-la-u-ma-aš* KBo XXXII 64, 6′
       -l]*u-u-ma-aš* KBo XXXII 54, 12′
       ^{URU}*e-ib-l*[*u*]*-me-na-aš* KBo XXXII 16 II 13
       ^{URU}*e-ib-lu-mi-*[KBo XXXII 18, 2′
br. ^{URU}*e-ib-*[KBo XXXII 15 III 20; KBo XXXII 17 III 3′; KBo XXXII
       35, 2′; KBo XXXII 64, 7′

Irana

hur. *a-ar-ti* ^{URU}*e-ib-la* KBo XXXII 19 I 24, IV 49'(br.); KBo XXXII 214
   I 1(br.); KBo XXXII 216 III 10'(br.)
   ^{URU}*e-ib-la-wa*$_a$ KBo XXXII 19 I 7, 12, 21, IV 46'(br.); KBo XXXII
   20 IV 19'
   ^{URU}*e-ib-la-a-pa* KUB XLV 84 Vs 15'
   ^{URU}*i-ib-la-pa* KBo XXXII 15 IV 7
   -i]*b-la-a-wa*$_a$ KBo XXXII 23, 3'
   ^{URU}*e-ib-la-a-al* KBo XXXII 11 IV 20'
   ^{URU}*e-ib-la-am* KBo XXXII 11 I 9
   ^{URU}*e-ib-la-an* KBo XXXII 11 IV 17'
   ]*-ib-la-hé-ni-we*$_e$ KBo XXXII 63, 3'

br. ^{URU}*e-ib-*[KBo XXXII 15 IV 19; KBo XXXII 25, 2'; KBo XXXII
   55, 1'; ^{URU}*e-* KBo XXXII 11 I 7

¶ Tall Mardīh. Lit. 1975-1985: M. Baldacci – F. Pomponio, *Bibliografia eblaita*, in: L. Cagni (Hrsg.), *Ebla 1975-1985*, Napoli 1987, S. 429-456. Zur hurritisch-hethitischen Bilingue s. vorläufig E. Neu, *Das Hurritische: Eine altorientalische Sprache in neuem Licht*, Mainz 1988. S. ferner RGTC 4 (1991), S. 38.

Irana

Stf. $^{HUR.SAG}$*ir-ra-a-na* KBo XXIII 7 I 4 (nach H. Otten-Chr. Rüster Hrsg.)

Irrita

br.]*-te* KBo XXVIII 114+KUB III 1a+ Rs 30'

¶ J.D. Hawkins, RlA 5 (1976-1980), S. 171; K. Kessler, *Untersuchungen* (1980), S. 85f., 214ff.; RA 74 (1980), S. 65 (Tall Bender Hān östlich von Arslan Taş); RGTC 5 (1982), S. 138f.

Irkata

¶ J.D. Hawkins, RlA 5 (1976-1980), S. 165f.

Išalija*

Stf. [^{URU}*i*]*š-ša-li-ia* KUB XXXVIII 3 III 11'

Zur Ergänzung s. H.G. Güterbock, Fs Bittel (1983), S. 209 Anm. 44. Kultordnung: «Königin der Schleuse» und Halki.

Išanaši

Nom. -š]a-an-na-aš-ši-iš KUB XXXVIII 10 IV 29'

Išašpara

Stf. URUi-ša-aš-pa-ra-a HKM 36, 35

S. → Kašipura.

Išhupa

¶ M. Forlanini, SMEA 18 (1977), S. 207f. (um Seben); M. Forlanini, ASVOA 4.3 (1986) Tav. XVI 5) m.K. (= → Šahupa).

Išhupita

Stf. KUR URUiš-hu-u-pí-it-ta HKM 18, 19, 23
KUR URUiš-hu-pí-it-ta HKM 10, 27, 35; HKM 96, 17'
URUiš-hu-u-pí-it-ta HKM 36, 10, 29
URUiš-hu-pí-it-ta KUB XLVIII 105 + KBo XII 53 Rs 38 (schon zitiert RGTC 6 s.v.); HKM 20, 7; HKM 71, 17; HKM 75, 14'

Ortsbestimmung: KUB XLVIII 105 + KBo XII 53 Rs 37-38: «Land Tapika: Seine Majestät hat dieses (für) den Wettergott und die Götter bestimmt: 4 Häuser, darin 50 Deportierte; 3 Rinder pflegen die Söldner von Ì. zu geben, 20 Schafe die Salz-Leute von Hapala» (ebd. 37-38). Vgl. → Kašipura, → Karahna.
¶ H. Otten, RlA 5 (1976-1980), S. 178f.

Iškalu[

¶ M. Forlanini, RIL 126 (1992) (= → Šakalu[).

Iškamahaša

Abk. KUR iš-ga-mah KUB XLIX 100, 4'

Iškazuwa

KUR *iš-ka* KUB XLIX 100, 6′

Ortsbestimmung: KUB XLIX 100, 2′-9′ (Orakelanfrage): «Im nächsten Winter wird [Seine Majestät] gegen das Land Iškuruha in den Krieg ziehen ... Im nächsten Winter wird Seine Majestät gegen das Land I. in den Krieg ziehen ... Seine [Majestät] wird gegen das Land I. in den Krieg ziehen: er wird ins Land Harpušta hinabgehen [...] ein anderer (General) wird [das Land] Ištahara von vorn angreifen. Wenn auf den Gebirgen [... ins befestigte] Lager des Vaters Seiner Majestät [...] ins Land Iškuruha wird er eindringen [...] er wird das Land Zunti? vernichten».
RGTC 6 S. 148 Zeile 4 lies Fluß Dahašta anstelle von Tašmaha.
¶ M. Forlanini, RIL 126 (1992).

Iškazuwa

Akk. ᵁᴿᵁ*iš-[k]a-zu-wa-an* KBo XXXII 202 Vs 7′
br. ᵁᴿᵁ*iš-k[a-* KBo XXXII 202 Vs 5′

In Zusammenhang mit Seiner Majestät und «3.000 Soldaten aus Kišija» genannt.

Iškila*

Stf. ᵁᴿᵁ*iš-ki-la* HKM 102, 11, 13

«Tuttu, Mann von Zanipura, Takuri, Mann von I.: zwei Blinde. Gapija ging zurück. Dem Kurruri, dem Blinde, einem Mann von I. gehörig: 2 Söhne, 8 Rinder, 10 Ziege».
¶ M. Forlanini, RIL 126 (1992).

Iškuruha

Nom. ᵁᴿᵁ]*iš-ku-ru-u-ha-aš* KUB XLVIII 107 I 1 (schon zitiert RGTC 6 S. 148 als unv. Bo 2525)
Abk. KUR *iš-ku-r[u]-uh* KUB XLIX 100, 2′
KUR *iš-ku* KUB XLIX 100, 8′

Ortsbestimmung: s. → **Iškamahaša**.
¶ M. Forlanini, RIL 126 (1992).

Išmirika

¶ A. Ünal, RlA 5 (1976-1980), S. 197f.; J. Freu, *Luwiya* (1980), 216.

Išnati

¶ M. Forlanini, ASVOA 4.3 (1986) Tav. XVI 7) r.K. (Isinda)

Išta[*

br. ^{URU}*iš-t*[*a-* KBo XVII 13 + KBo XXV 68 I 8'

«Ein Priester der Sonnengottheit aus I. [... 1] Priester des Berges Takurka [...]» (vgl. → **Ištami**[RGTC 6 S. 152 nach E. Neu, StBoT 25 [1980] 143 Anm. 475).

Ištahara

Nom. ^{URU}*iš-ta-ha-ra-aš* KUB XLVIII 82, 6'
        KUR *iš-ta-*[KUB LVI 48 IV 24' =
        -h]*a-ra-aš* KBo XXIII 95 lk.Rd. 2
Stf.   LÚ ^{URU}*iš-da-ha-ra* KUB LX 146 IV 12
Abk.   KU]R *iš-ta-har* KUB XLIX 100, 7'
        LÚ ^{URU}*iš-da-har* KUB LX 146 III 14'

Vgl. das Itinerar KUB XLIX 100, 2'-9' → **Iškamahaša**. In KUB LVI 48 liefert I. Schafe dem Kult von Nerik zusammen mit u.a. → **Hakmiš**, **Hawarkina** und **Hatina**.
¶ H. Otten, RlA 5 (1976-1980), S. 224; M. Forlanini, SMEA 18 (1977), S. 204f. («nella regione di Karamağara e di Çekerek»); M. Forlanini, ASVOA 4.3 (1986) Tav. XVI 2) m.K. («probabilmente il monticolo di Mamure»).

Ištaharunuwa

Stf. $^{HUR.SAG}$*iš-da-ha-ru-nu-wa* KUB LX 147 III 11'(br.), 18', IV 18

¶ H. Otten, RlA 5 (1976-1980), S. 224.

Ištahiša

Ištahiša

Stf. ^{URU}*iš-da-hi-ša* KBo XXIV 117 r.Kol. 3', 5'(br.), 6'(br.)

Wettergott und Wettergott der Weide von I. (br. Kultordnung).

Ištanuwa

Nom. ^{URU}*iš-ta-nu-u-wa-aš* KBo XXIX 198 lk.Kol. 1'

Stf. ^{URU}*iš-ta-nu-u-wa* KBo XXIV 81 IV 2'; KBo XXIV 82 r.Kol. 11';
KBo XXIV 83 r.Kol. 14'(br.)
 ^{URU}*iš-ta-nu-wa* KBo XXIV 83 r.Kol. 4'; KBo XXIX 32 III 3'(br.);
KBo XXIX 199 r.Kol. 12'(br.), 21'(br.); KUB XXXV 136 + KBo
XXX 180 IV 2'(br.); KUB LVI 58 I 7', 10', II 6', VI 9'

Adv. ^{URU}*iš-ta-nu-um-ni-li* KUB XLI 15 + KUB LIII 15 I 15'

br. ^{URU}*iš-*[KBo XXIX 214 Vs? 2' (nach Hrsg.); ^{URU}*i*[*š-* KBo XXIX 31
IV 10' (zur fraglichen Lesung vgl. F. Starke, StBoT 30 [1985] 364
Anm. 19)
¶ M. Forlanini, Heth 8 (1987), S. 115 Anm. 23 (bei Gordion?).

Ištapana*

Nom. ^{URU}*iš-ta-pa-an-na-aš* StBoTB 1 I 58

Ortsbestimmung: Grenzstadt des → **Hulaja**-Flußlandes am Meer. S. →
Šarantuwa.

Ištarwa → Ištiruwa

Ištiruwa

Stf. ^{URU}*iš-te-ru-wa* HKM 46, 5
 ^{URU}*iš-*TAR-*wa-a* KUB XLVIII 105 + KBo XII 53 Rs 42 (schon zitiert
RGTC 6 S. 153)

Zur Identität beider Schreibweisen s. S. Alp am unten a.O.

Ortsbestimmung: HKM 46, 3-12 «Siehe, der Feind hat an zwei Posten (die
Grenze) massenweise überschritten: eine Feindesschar hat (die Grenze)
bei I. überschritten, eine andere Schar hat (die Grenze) bei Zišpa
überschritten. Wenn er über den Berg Šakutunuwa hinüberzieht und eine

Schwenkung irgendwo macht, wird er ins Land eindringen» (Brief aus Maşat/Tapika).
¶ S. Alp, Belleten 164 (1977), S. 643 = Fs Laroche (1979), S. 32; M. Forlanini, SM 1 (1979), S. 183 (um Tokat).

Ištitina

Stf. KUR ^{URU}*iš-ti-ti-n*[*a* JCS 35 (1983) S. 195 Nr. 1, 2'
  i]*š-ti-ti-na* KUB XLIX 11 III 7
br. ^{URU}*iš-t*[*i-* KUB XLIX 11 II 5'

Ortsbestimmung: KUB XLIX 11 III 6ff. (br. Kriegsitinerar, Orakelanfrage): Tawatina → [...] I. → Tahanišara [...]. In JCS 35 S. 195 Nr. 1 zusammen mit → **Kašipa, Tašaruka**?, **Tihulija** und **Zaziša** erwähnt.
¶ J.H. Jasanoff – D.I. Owen, JCS 35 (1983) 194.

Ištuhila

Eth. *i*]*š-tu-hi-la-il* KBo XXX 157 I 7'

Išuwa

Stf. KUR ^{URU}*i-šu-wa* KUB LVI 28 Rs 6'; KUB LX 74 Vs 8'(br.); KUB LX 134, 6, 8; HKM 96, 20'
  KUR *i-šu-wa* KUB L 92 Rs 14'; KUB LII 96, 6
br.]^{URU}*i-šu-wa* KBo XXIV 132 Rs 2'

¶ RGTC 5 (1982), S. 143; M. Forlanini, ASVOA 4.3 (1986) Tav. XVI 3) m.K.

Itahalmuna

¶ H. Otten, RlA 5 (1976-1980), S. 28.

Itna

hur. ^D*e-ti-in-ni-we*_e KUB XLV 41 III 5'

Wohl vom Berg Itni in Ostanatolien (RGTC 5 [1982], S. 143) zu trennen.

Ituwa

Ituwa

¶ W. Röllig, RlA 5 (1976-1980), S. 33.

Izija

Stf. ^{URU}*iz-zi-ia* KUB LIV 47, 4'; KUB LVI 15 II 15

Ortsbestimmung: An der kilikischen Küste. KUB LVI 15 II 15 (br. Gelübde): «In der Stadt I. am Meer»; dem Meer wird im Folgenden ein Gelübde gewidmet: «Wenn mir, Meer, mein Herr ...». In KUB LIV 47 nebst dem Berg Zara erwähnt.
¶ M. Forlanini, VO 7 (1988), S. 147 (in Kizuwatna).

K

Kahat

¶ J.N. Postgate, RlA 5 (1976-1980), S. 287; RGTC 5 (1982), S. 146f.

Kakatuwa

Stf. ^{URU}*ga-ag-ga-ad-du-u-wa* KUB XLVIII 105 + KBo XII 53 Rs 39
(schon zitiert RGTC 6 S. 162)
^{URU}*ga-ag-ga-du-wa* HKM 103, 8
^{URU}*ga-kad-du-wa* HKM 14, 9

Ortsbestimmung: Im Lande → **Tapika**: «In K.: (für) den Wettergott 4
Häuser, darin 50 Deportierte aus Arzawa ...», KUB XLVIII 105 + . HKM
14, 8-9: «Maruwa, Mann von K.» (Brief Seiner Majestät an Kaššu). HKM
103, 8-9: «13 Arbeiter, Leute von K.; Šunaili der Vorsteher; 4 *parisu* 2
sūtu (Gerste) ihre Ration».
¶ A. Archi- H. Klengel, AoF 7 (1980) 155; M. Forlanini, Heth 5 (1983),
S. 12 (Gagonda/Almus); M. Forlanini, ASVOA 4.3 (1986) Tav. XVI 2)
r.K. (Gagonda/Almus).

Kakšat

br.]*ka-ak-ša-ta*[(-) KBo XXV 112 III 23′

Ortsbestimmung: Im Lande → **Zalpuwa** am Schwarzen Meer.
¶ M. Forlanini, ZA 74 (1984) 251f.

Kakumaha*

Dat. ^{URU}*ka-a-ku-ma-hi* KBo XXV 112 II 8′; KBo XXV 114 Vs 5′(br.)
hat. $^{UR}]^{U}$[*k*]*a-a-ku-*[KUB XXVIII 77 + KBo XXV 118 II 12′

Kalašma

Ortsbestimmung: Im Lande → **Zalpuwa** am Schwarzen Meer. «Gedeihe Feld (und) Flur von? Tahatauša?, für das Brotopfer der Götter! Gedeihe der Weinberg in K., für das Trankopfer der Götter!».

Kalašma

¶ G. Frantz-Szabó, RlA 5 (1976-1980), S. 289f.; H. Otten, RlA 5 (1976-1980), S. 477 (unv. 1048/u, 3: ^{URU}*qa-la-aš-pa*); M. Forlanini, SMEA 18 (1977), S. 207f. (um Bolu); M. Forlanini, ASVOA 4.3 (1986) Tav. XVI 5) m.K.

Kalašmita

Stf. ^{URU}*ka-a-la-aš-mi-it-ta* KUB XLVIII 105 + KBo XII 53 Rs 14

Ortsbestimmung: Im Lande → **Turmita**: «In der Stadt K.: den Gottheiten LAMMA und Ala hat Seine Majestät dieses bestimmt: 2 Häuser, [darin 20 Deportierte], von früher her Diener der Gottheit; 5 Häuser, darin 50 Deportierte von Ahariwaša».
¶ H. Otten, RlA 5 (1976-1980), S. 407; A. Archi-H. Klengel, AoF 7 (1980) 154.

Kalašpa → Kalašma

Kalimuna

Nom. ^{URU}*ka-li-mu-na-a*[*š* KUB XLVIII 82, 3'

¶ H. Otten, RlA 5 (1976-1980), S. 323.

Kalištapa

br.   -*t*]*a-pí* KUB LIV 80, 4'

Vgl. H. Otten, ZA 75 (1985) 145.
¶ E. Laroche, RHA 34 (1976), S. 135; H. Otten, RlA 5 (1976-1980), S. 327; M. Forlanini, SM 1 (1979), S. 171 (Binboǧa Daǧ).

Kalkija

Stf. ^{URU}*gal-ki-ia* KUB LI 88, 8'

Vgl. → **Akutarija**. Der Beleg KUB XV 38 I 8′ RGTC 6 S. 165 ist zu streichen, → **Karkiša**.

Kalpi[

br. ^{URU}*gal-pí-x*[KBo XXXIV 138, 12′

Kalzana*

Stf. ^{URU}*ka-al-za-na* HKM 24, 57
^{URU}*ga-al-za-na* HKM 51, 2

Vgl. → **Pitalahšuwa**.

Kalzarapara

¶ H. Otten, RlA 5 (1976-1980), S. 327f. (unv. Bo 5401 Rs 2: $^{HUR.}$
^{SAG}*kal-za-da-pa*).

Kalzata[

br.   HUR.SAG(!) $^{HUR.SAG}$*kal-za-ta-x*[KUB XLV 76 Vs 15′

Göttlicher Berg in einem Ritual der hurrischen Schicht. Vgl. → Kalzarapara (*x* = ein senkrechter Keil).

Kamahu*

Stf. $^{HUR.SAG}$*kam-ma-hu-u* KUB LV 15 II? 1′, 4′

Göttlicher Berg (br. Beschreibung des Frühlingsfestes auf dem Berg).

Kamalija

Stf. $^{HUR.SAG}$*kam-ma-li-ia* KBo XXVI 147, 12′
br. $^{HUR.SAG}$*kam-ma-l*[*i*?- KUB LIII 42 r.Kol. 10′ (wohl Nom.); FHL 43, 2′

In KUB LIII 42 in einem Kästchen mit der Stadt → **Harziuna** erwähnt; br. Beschreibung seines Bildes in KBo XXVI 147, 8′-12′. Vgl. auch]*kam-ma-li-ia-aš* KUB XLIX 98 II? 2′, der doch nach A. Archi Hrsg., S. VIII, und E. Laroche, Hethitica 4 (1981) 19 eher Personenname ist.

Kamama

Kamama

Akk. ^{URU}*ga-ma-ma-an* HKM 113, 9
Abl. ^{URU}*kam-ma-ma-za* KUB L 108, 11' // KUB XXII 51 Vs 15', Rs 3'
Stf. ^{URU}*ga-ma-am-ma* HKM 102, 8
^{URU}*kam-ma-ma* KUB XL 96+KUB LX 1 r.Kol. 22'; StBoTB 1 I 71
Vgl. ^{NA4}*hé-gur* ^{D}*ka-a*[*m-ma-ma-aš* KUB LVI 37 I$^?$ 7'

In HKM 113, 9 liest S. Alp, TTKY VI/34 (1991), S. XXIX, «Gamazua», was aber der Autographie nicht entspricht.

Ortsbestimmung: KUB XXII 51 Vs 10'15'//KUB L 108, 7'-11': «(Seine Majestät) wird in Šapinuwa übernachten, das Heer dagegen wird in Hanziwa übernachten. Er wird unter Šupilulija hin gehen und Šahuzimiša [angreifen]. Man setzt NP mit den Truppen in Marsch und er wird Tahaš[ta ...] angreifen; man setzt Kunijaziti mit den Truppen in Marsch und er wird von Kuwarina aus hinterher oben schlagen und Aštuwari und Temeti werden von K. aus entgegen schlagen» (KUB L 108, 12' fügt hinzu: «[Seine Majestät aber] wird nach Harpušta ziehen»). In KUB LVI 37 I$^?$ 6'-9' werden Kultlieferungen für die «2 Felsheiligtümer der (Berg-) Gottheiten K. und Puškurunuwa» zur Last der «Leute der Gottheit Zitharija» gebucht. Leute von K. wurden als Landarbeiter im Lande → Tarhuntaša angesiedelt, vgl. H. Otten, StBoTB 1 (1988) 38. «Himuili, Mann von K.», HKM 102, 8

¶ M. Forlanini, SMEA 18 (1977), S. 204f. («nella regione di Karamağara e di Çekerek»); M. Forlanini, SM 1 (1979), S. 178 (um Çekerek); M. Forlanini, Heth 5 (1983), S. 15 Anm. 8 (Maşat Hüyük?); M. Forlanini, ASVOA 4.3 (1986) Tav. XVI 2) m.K. (bei Çekerek); M. Forlanini, RIL 126 (1992).

Kanara

Nom. ^{URU}*ka-an-na-ra-aš* KBo XXVI 180, 3'

Kultordnung (Wettergott, Sonnengottheit, LAMMA; → **Šamalija**).

Kaniš

Stf. ^{URU}*ka-ni-eš* KBo XXX 56 IV 22; KBo XXX 69 III 27'; KBo XXX 77 II 9', IV 16'; KUB LI 79 Vs$^?$ 14'; KUB LVII 65, 4'; VAT 7497 II 3 (nach H. Otten-Chr. Rüster, KBo XXIII S. V)

URU*ka-ni-iš* KBo XXV 79 I[?] 5'; KBo XXVII 31, 6'; KBo XXIX 211
I[?] 8', 11'(br.); KBo XXX 81 I 5'(br.); KBo XXXIV 207, 4'(br.);
KUB XLVIII 9 II 9; KUB LVI 45 II 7', VI 6'; KUB LX 23 Vs 4'
ka-ni-iš KBo XVII 9+20+KBo XX 5+KBo XXV 12+ABoT 5 II
22'; KBo XXII 195 II[!] 18'

br.   URU*ka-n[i]-i[š*(?) KUB LVII 56, 1'; *k]a-n[i-* Bo 3123 I 1' (nach E.
Neu, StBoT 25 [1980] 159)

¶ RGTC 4 (1991), S. 65ff.

Kanišha

Abl.   *-e]š-ha-az* KUB LIX 51 I 4' (= KUB II 2 I 46)

¶ E. Laroche, RHA 34 (1976), S. 136.

Kaništa[*

br.   HUR.SAG*ka-ni-iš-ta-x*[KUB XXI 35+ III 17' = KUB XIV 19, 5'

Vgl. Ph.H.J. Houwink ten Cate, Fs Laroche (1979), S. 166.

Kantišiša

Stf.   *k]án-ti-eš-ši-iš-ša* KUB LX 68, 7'

Hier einzuordnen (nach M. Forlanini, RIL 126 [1992]) auch der Beleg
URU*kat-te-eš-iš-ša* KUB XIX 39 II 13 (vgl. RGTC 6 S. 202).

Kanturna

Stf.   HUR.SAG*ga-an-du-ur-*[KBo XXVI 65+KUB XXXIII 106 (912/u+
1142/v) II 14'

¶ H. Otten, RlA 5 (1976-1980), S. 369.

Kanzana

Nom.   URU*kán-za-[a-n]a-aš* KUB XXXVIII 6+KUB LVII 58 I 27'

Hier einzuordnen gegen RGTC 6 S. 172 u. **Kanzapita**.
¶ M. Forlanini, Fs Alp (1992), S. 173 (in der unmittelbaren Gegend von
→ Kaniš). Vgl. → **Kazana**

Kanzapita

br.   URU*kán-za-pí-x*[KUB LIX 6 IV 4′

Kapapahšuwa*

Nom.   URU*ka-pa-pa-ah-šu-wa-aš* HKM 17, 28
Akk.   URU*ka-pa-pa-ah-šu-wa-an* HKM 17, 26
Stf.   URU*ka-pa-pa-ah-šu-wa* HKM 17,29

Kaparuwa*

Nom.   URU*ka-pa-ru-wa-aš* StBoTB 1 I 65

Ortsbestimmung: Grenzstadt zwischen → **Walma** und dem **Hulaja**-Flußland.

Kapata

Akk.   URU*ga-ap-pa-at-ta-an-n*[*a* KUB XLIX 103 Rs 9′

Ortsbestimmung: Auf dem Berg → **Ašharpaja**.

Kapatuwa*

Stf.   URU*kap-pa-du-wa* HKM 99, 15

«Armandalla, Kannazu, Männer von K.».

Kapazuwa

¶ M. Forlanini, SMEA 18 (1977), S. 206.

Kapiri

hat.   UR]U*ka-pí-ri* KUB XLVIII 48 Vs 6′

¶ H. Otten, RlA 5 (1976-1980), S. 400; C. Kühne, ZA 70 (1981) 101.

Kapiruha

¶ H. Otten, RlA 5 (1976-1980), S. 391 (unv. 418/u, 1813/u); M. Forlanini, RIL 126 (1992)..

Kapita

Stf.   URUka-a-pí-it-ta KBo IX 88, 8
URUka-pí-da KUB LVII 111, 10'

KBo IX 88, 8 Lieferung von deportierten Arbeitskräfte. Vgl. → **Kipita**.
¶ M. Forlanini, Fs Alp (1992), S. 174 mit Anm. 23 (zwischen Hanhana
und Pala).

Kapitara*

Gen.   URU[k]a-p[í-i]t-ta-ra-aš KBo XXXII 184 Vs 4'
URUqa-pí-it-ra-aš KBo XXXII 184 Rs 5'

Landschenkungsurkunde des Zidanza, vgl. → **Anzara**. Vgl. **Kapitra**
RGTC 4 (1991), S. 69

Kapitatamna

Stf.   URUka-pí-ta-ta-am-na KUB XLVIII 105 + KBo XII 53 Vs 16' (schon
zitiert RGTC 6 S. 176)

br.   k]a-pí-ta-at-[KUB XXVI 67 II? 13' (vgl. J. Siegelová, *Verwaltungs-*
praxis [1986], S. 166 Anm. 7; M. Forlanini, Heth 10 [1990], S. 118)

Ortsbestimmung: Im Lande → **Wašhanija**.

Kapitra → Kapitara

Kapurnanta

¶ K. Kessler, RlA 6 (1980-1983), S. 366 s.v. Kupurnat.

Kapušija*

Stf.   URUkap-pu-ši-ia HKM 8, 6; HKM 99, 17

Ortsbestimmung: Wohl bei → **Tapika**/Maşat, vgl. HKM 8, 3-11 (Brief
Seiner Majestät an Kaššu): «Ich habe die Worte gehört, die du mir
geschrieben hast, wie der Feind das Getreide immer wieder beschädigt,
wie er den Dorf K., der dem Grundbesitz der Königin gehört, angriff
und wie sie ein *h*.-Rind des Grundbesitzes der Königin und 30 Rinder
und 10 Männer der Hörigen fortschafften».

Kapušku*

Kapušku*

Stf. ^{URU}*ka-a-pu-uš-ku* KUB LVII 84 III 20' = 82, 3' (br.)

Ortsbestimmung: Im Lande → **Taruka**, s. → **Hilaluka**.

Karahna

Stf. ^{URU}*ka-ra-a-ah-na* HKM 104, 3
         ^{URU}*ka-ra-ah-na* KUB L 35 Rs.? 12', 13', 22'; KUB LV 12 III.? 7;
         HKM 88, 18'
         ^{URU}*ga-ra-ah-na* KUB XLVII 64 II 38; HKM 71, 16
br.   *-r]a-ah-na* KBo XXX 8 lk.Kol. 6';]-*il* KBo XXX 8 lk.Kol. 13' (Eth.)

HKM 71, 16-20 (Brief des Oberwagenlenkers an Kaššu): «Wenn du mir
die Söldner von K., die Söldner von Išhupita (und) die Söldner vom Berg
Šaktunuwa nach Ninišankuwa nicht bringst»; KUB L 35 Rs 12'-17': «(Ist)
der Wettergott des Himmels auch in den Häusern von K. er[zürnt], weil
er in K. noch nicht eingesetzt (ist)? Die Eingeweide sollen ungünstig sein
... ungünstig. Wenn es eben dies (ist) – ditto, die Eingeweide sollen günstig
sein ... [ungünstig]. (Ist) der Wettergott des Himmels auch wegen der
Angelegenheit von Ašpinuwa erzürn[t]? Die Eingeweide sollen ungünstig
sein ... ungünstig»; ebd. 22'-23': «[Man wird] einen Mann nach K. [senden
und] er wird die Gottheit im Tempel (darüber) befragen». S. auch HKM
104 → **Tapika**.
¶ H. Otten – W. Röllig, RlA 5 (1976-1980), S. 403; M. Forlanini, SM 1
[1979], S. 180ff. (Bolos); S. Alp, Fs Bittel (1983), S. 43ff.; M. Forlanini,
ASVOA 4.3 (1986) Tav. XVI 3) l.K.; RGCT 4 (1991), S. 70.

Karikuriška*

Stf. ^{URU}*ka-ri-ku-u-ri-iš-ka* KBo XXV 112 II 17'

Ortsbestimmung: Im Lande → **Zalpuwa** am Schwarzen Meer: «Wenn der
"Sohn" nach Mišturaha fährt, wenn er K. erreicht, spricht der Gesalbte
(folgendermaßen): Gnade, Kazitaieti! Unter den Sterblichen Kazitaieti
(bist du), unter den Göttern Gottheit der Freude.?, ..., Königin, (bist) du».

Kariuna

Stf. ^{URU}*ka-ri*!?-*ú-na* KUB LII 80, 5'

Lesung nach G. Beckman, BO 42 (1985) 139. → **Huwatnaruwanta**.

Karkamiš

Stf. KUR ᵁᴿᵁ*kar-ga-miš* KUB XLIX 25 IV 1'(br.); StBoTB 1 II 79, 82,
IV 31
KUR *kar-ga-miš* KUB L 60 I 7
ᵁᴿᵁ*kar-ga-miš* KUB XLVIII 93, 8'; KUB LIII 34 Vs 3'
kar-ga-miš KUB XLVIII 113 I 5'

akk. KUR *kar-ga-miš* KBo XXVIII 79 Vs 8'; KBo XXXVI 109, 4'
ᵁᴿ]ᵁ*kar-ga-m*[*iš* KBo XXXVI 102, 7'

¶ J.D. Hawkins, RlA 5 (1976-1980), S. 426ff.; RGTC 5 (1982), S. 155.

Karkija

br. KUR ᵁᴿᵁ*kar-ki-i*[*a* KUB XLIX 79 I 14'

Br. Orakelanfrage. In Vs 23', 25' wird der «Feind von Ijalanta» erwähnt.

Karkiša

Stf. KUR ᵁᴿᵁ*ga-ra-ki-ša* KUB XV 38 I 8'

Zur Lesung s. H. Otten, Fs Neumann (1982), S. 248.
¶ S. Heinhold-Krahmer, RlA 5 (1976-1980), S. 446f.; J. Freu, *Luwiya*
(1980), S. 329ff.; H. Otten, Fs Neumann (1982), S. 247ff.; M. Forlanini,
ASVOA 4.3 (1986) Tav. XVI 7) m.K.

Karna

¶ RGTC 9 (1981), S. 48.

Kartapaha

Dat. ᵁᴿᵁ*kar-ta-pa-hi* KUB LVII 71, 6'
br. ᵁᴿᵁ*kar-d*[*a-* KBo XVI 71+KBo XVII 14+KBo XX 4+16+24+
KBo XXV 13 I 17' (schon zitiert RGTC 6 S. 184 als KBo XVII
14, 2')

In der Reihe **Zipalanta/Katapa/Š[alampa]/K./Hal[iputa]** in KUB LVII
71 erwähnt (Bruchstück einer Festbeschreibung, alle ON im Dativ).
¶ H. Otten, RlA 5 (1976-1980), S. 454f. (unv. 1009/u Vs 10f.; Bo 10291

Karduniaš

III 2, 9); M. Forlanini, ASVOA 4.3 (1986) Tav. XVI 2) m.K. (südlich von Hattuša).

Karduniaš

1. Stf. ^{URU}*kar$^!$-an-du-ni-ia-aš*(-*ša*) KUB LVII 123 Vs 12
   ^{URU}*kar-an-du-ni-aš* KUB XLII 38 Vs 12', 22'(br.)
   ^{URU}KÁ.DINGIR.RA KBo XXIV 56 I$^?$ 2'(br.); KBo XXXVI 25, 7'
br. ^{URU}*kar-an-*[KBo XXIV 120, 4'
akk. KUR ^{URU}*kar-an-du-ni-ia-*[KBo XXVIII 117 + KBo I 8 + Rs 6'
   KUR *kar-du-ni-áš* KBo XXVIII 62 Vs 22'
hur. ^{URU}*pa-a-pí-el-ha* KBo XXVII 85 + KBo XXXIII 1 Vs 18'
2. Adv. ^{URU}KÁ.DINGIR.RA-*l*[*i* KUB LX 42, 6'
br. KÁ.DINGIR.RA[KBo XXXII 206 r.Kol. 9'
¶ RGTC 5 (1982), S. 47ff., 150f.

Kartuša*

Nom. ^{URU}*kar-du-uš-ša-aš* KUB LVI 40 IV 17'

S. → **Artašuša**.

Karu[

br.

^{URU}*ka-ru-x*[KUB LIX 4 I 7'

Kaša*

Stf. ^{URU}*ka-a-ša* HKM 47, 7
   ^{URU}*ga-aš-ša* HKM 57, 12

Dasselbe als → **Kašaša**?

Kašaja

Abl. ^{URU}*ka-a-*[*ša-ia*]-*az* KBo X 20 I 35 =
   ]-*a-ša-ia-az* KUB XXX 39 + KBo XXIII 80 + KBo XXIV 112 Vs 27
   k]*a$^?$-a-ša-ia-za* KBo XXIII 60, 7'
Stf. É.GAL *ka-ša-ia* KUB LVIII 7 II 19'

¶ H. Otten, RlA 5 (1976-1980), S. 459f. (unv. 158/r Vs 6: Wettergott von K.).

Kašaša

Akk. ^{URU}*ka-a-ša-ša-an* HKM 27, 5

Stf. ^{URU}*ka-a-ša-ša* HKM 47, 10(bis)

^{URU}*ga-ša-ša* HKM 31, 8; HKM 37, 13; HKM 104, 4; HKM 105, 5; HKM 107, 13; HKM 109,1

Nach S. Alp, TTKY VI/34 (1991), S. XXIX, auch in HKM 1, 6 zu lesen, was aber aus der Autographie nicht bestätigt scheint.

Ortsbestimmung: HKM 27, 3-10 (Brief Seiner Majestät an → **Tapika**): «Was das betrifft, dass Du (mir) über den Feind geschrieben hast, wie der Feind K. und Tahazzimuna angreift, davon habe ich Kenntnis genommen. Wohin jener Feind sich begibt, schreibe mir immer wieder (darüber)» (S. Alp, Belleten 173 [1980], S. 48); HKM 31, 8-12 (Brief Seiner Majestät an → **Tapika**): «Was das betrifft, dass Du mir über die Angelegenheit des Weinberges von K. geschrieben hast, unterstütze (das). Man soll sie abernten. Es soll ihnen kein Schaden angerichtet werden» (S. Alp, Belleten 173 [1980], S. 50); eine ähnliche Angelegenheit auch in HKM 37, 13ff. HKM 109, 2-19: «Getreide, das man (in K.) säen wird: 900 *parisu* Gerste, 300 *parisu* Weizen (ZÍZ), 100 *parisu šepit*-, 100 *parisu* Emmer (*kunāšu*), 70 *parisu karši*-. – Getreide, das wir zur Erntezeit mähen werden: 2100 *parisu* Gerste, 900 *parisu* Weizen, 120 *parisu* "starken" Weizen, 100 *parisu šepit*-, 100 *parisu* Emmer, 90 *parisu karši*, 30 *parisu* Erbse, 30 *parisu* große Erbse, 20 (*parisu*) kleine Erbse: (das ist) das Getreide, (das) ich im ersten Jahr säen werde. – Getreide, das ich im zweiten Jahr säen werde: 1300 *parisu* Gerste, 400 *parisu* Weizen, 50 *parisu šepit*-, 60 *parisu* Emmer, 30 *parisu karši*-, 10 *parisu* Erbse, 5 *parisu* große Erbse, 10 *parisu* kleine Erbse. – Getreide, das wir im dritten Jahr säen werden: 500 *parisu* Gerste, [...]. – Insgesamt: 9400[+ x *parisu*] Getreide des [...]». S. noch HKM 104, 4 → **Tapika**.

Kašha

Stf. ^{URU}*ka-a-aš-ha* KUB LIII 1 I 2; KUB LIII 3 V 1(br.), 9(br.), VI 3, 8; KUB LIII 4 Vs 5′(br.), Rs 35′; KUB LIII 8 Vs 2; KUB LIII 14+ II 8; KUB LI 1+KUB LIII 14+ II 30, 31, 32, IV 9′; KUB

Ka/išija

LVIII 30 II 7′, 18′; 1238/v, 2′; 670/z IV 11′; 727/z III 8′; Bo 3446, 6′; Bo 3478 IV 2′

^{URU}*ka-aš-ha* KUB LIII 1 Rs 3′; KUB LIII 4 Rs 5′, 17′, 25′, 28′, 37′; KUB LIII 7+ IV! 10′

^{URU}*ga-aš-ha* KUB LIII 1 Rs 2′; KUB LIII 7+ V! 3′

^{URU}*qa-aš-ha* KUB XXXVIII 28 II 3′

br. ^{URU}*k[a-* KBo XXVI 185 lk.Rd. 2; KUB LIII 4 Vs 26′?;]-*ha* KUB LIII 5 Rs 4′; KUB LIII 7+ IV! 17′

(unv. Stellen zitiert aus V. Haas – L. Jakob-Rost, AoF 11 [1984] 10ff.).
¶ H. Otten, RlA 5 (1976-1980), S. 460.

Ka/išija

Stf. ^{URU}*ga-aš-ši-ia* KUB XLVIII 105 + KBo XII 53 Rs 31(br.), 36 (schon zitiert RGTC 6 S. 188)

^{URU}*ki-iš-ši-ia* KBo XXXII 202 Vs 6′

Ortsbestimmung: KUB XLVIII 105+ 31-36: «Im [Lande] K.: in der Stadt Ašuwaša [hat] Seine Majestät für die ... des LAMMA dieses [bestimmt]: 1 Haus, 10 Deportierte, Leute *huwadala- warma-*, [hat] Seine Majestät [...]; der König des Landes Tumana gibt 4 Rinder (und) 50 Schafe. – In der Stadt Hartana hat Seine Majestät für Iarri dieses bestimmt: 8 Häuser, [darin 80 Deportierte], Eigentum der Gottheit von früher her, 120 *parīsu* Saatgetreide, 20 Kühe, 100 Schafe, davon 50 Ziegen [gibt der König des Landes Tumana]. – In der Stadt K., beendet», zwischen den Kultordnungen des Landes → **Turmita** (Vs 19-Rs 30) und des Landes → **Tapika** (Rs 37ff.). Zu KBo XXXII 202 Vs 5′-7′ s. → **Iškazuwa**.

¶ H. Otten, RlA 5 (1976-1980), S. 464 (unv. 804/v, 5); M. Forlanini, SMEA 18 (1977), S. 207f. (um Ankara); A. Archi – H. Klengel, AoF 7 (1980) 155; RGTC 5 (1982), S. 162f.; M. Forlanini, ASVOA 4.3 (1986) Tav. XVI 5) m.K.

Kašijara

akk.   KUR *ka-ši-a-ri* KBo XXVIII 82, 21 (schon zitiert RGTC 6 S. 189 als unv. 613/f)

hur.   *ga-ši-ia-ri* KBo XX 126 + KUB XXXII 25 + FHG 21 I 6

$^{HUR.SAG}$*ga-ši-ia-ar-ri-[ni-e]l* KBo XX 126 + KUB XXXII 25 + FHG 21 I 27 (entsprechend zu korrigieren RGTC 6 S. 189)

-š]i-ia-ar-ri-el KBo XX 126 + KUB XXXII 25 + FHG 21 I 12

-*i*]*a-ar-ri-el* KBo XX 129 + KBo XXIII 6 + KBo XXVII 100 + KUB
XXXII 29 + ABoT 39 + FHG 20 I 46, 51

¶ E. Laroche, RHA 34 (1976), S. 138; J.N. Postgate, RlA 5 (1976-1980),
S. 460; K. Kessler, *Untersuchungen* (1980), S. 22ff; RGTC 5 (1982), S.
162; M. Liverani, QGS 4 (1992), 35ff.

Kašipa

Stf.   *ka*]-*ši-pa* JCS 35 (1983) S. 195 Nr. 1, 4'

S. → **Ištitina**.

Kašipura*

Akk.   URU*ka-ši-pu-ra-an* HKM 6, 6
Abl.   URU*ka-še-pu-u-ra-az* HKM 25, 5
        URU*ka-a-ši-pu-ra-az* HKM 55, 4
        URU*ga-ši-pu-u-ra-az* HKM 65, 11
Stf.   URU*ka-še-pu-u-ra* HKM 24, 6(br.), 12, 16, 30(br.), 53; HKM 25, 13;
        HKM 45, 20', lk.Rd. 2(br.)
        URU*ka-ši-pu-u-ra* HKM 36, 32(br.); HKM 54, 18; 68, 22
        URU*ga-ši-pu-u-ra* HKM 5, 3; HKM 19, 9; HKM 65, 4
        URU*ga-ši-pu-ra* HKM 31, 6; HKM 104, 2; HKM 107, 19

Ortsbestimmung: Bei → **Tapika**/Maşat Höyük. HKM 6, 4-10 (Brief Seiner
Majestät an Kaššu): «Weil du mir folgendermaßen geschrieben hast:
"Siehe, der Feind ist angekommen: er hat für sich Hapara in solcher
Weise bedrängt, diesseits aber hat er K. bedrängt. Er zog doch hindurch,
und ich weiß nicht, wohin er dann gezogen ist"». HKM 31, 5-7 (Zitat aus
dem vorigen Brief des Himuili aus → **Tapika** an Seine Majestät):
«Hundert neue Soldaten habe ich oben in K. gelassen» (S. Alp, Belleten
173 [1980], S. 50); HKM 19, 5-12 (Zitat aus dem vorigen Brief des Kaššu
und des Pulli aus → **Tapika** an Seine Majestät): «Siehe, das Getreide ist
schon reif. Im Kaška-(Gebiet) haben die Heuschrecken das Getreide
(auf)gefressen. Sie greifen Euer Getreide von K. an» (S. Alp, Belleten
173 [1980], S. 43); HKM 25, 4-25 (Brief Seiner Majestät an → **Tapika**):
«Siehe, Pišeni hat mir aus K. geschrieben: "Der Feind marsc[hiert] mit
grosser Menge in der Nacht, an einer Stelle sechshun[dert Feinde], an
anderer Stelle vierhundert Feinde, und erntet das Getreide ab". Sobald
dieser Brief Euch erreicht, ziehet nach K. Wenn das Getreide reif ist,
erntet es ab und führet es zum Speicher. Der Feind soll (ihm) keinen

Kašitu* (?)

Schaden anrichten. Siehe, ich habe Euch den Brief des Pišeni geschickt. Euch [soll man] ihn [v]orlesen!» (S. Alp, Belleten 173 [1980], S. 46f.); HKM 34, 29-36 (Zitat aus dem vorigen Brief aus → **Tapika** an Seine Majestät): «Weil du über die Soldaten von Išhupita geschrieben hast: ich habe 300 Soldaten genommen, sie oben in K. gelassen und diese Soldaten [...]. Dann habe ich Soldaten aus der Burg genommen und sie nach Išašpara gesandt», vgl. S. Alp, Belleten 170 (1979) S. 276 = S. Alp, SM 1 (1979), S. 21; HKM (Brief Seiner Majestät an Kaššu): «Weil die Rinder von K. genommen wurden und der Verwaltung des EN-tarawa betraut wurden»; HKM 54, 4-26 (Brief des Kaššu an Himuili): «Weil du über die Angelegenheit des Saatgutes geschrieben hast: "Ich habe kein Saatgut für die Saatfelder": Wenn du das Saatgetreide, das für Tapika, A., Harija und Haninkawa vorbereitet worden war, nicht (weg)genommen hättest, hätte man diese Saatfelder ausgesät. Die Rinder von K., die die Saatfelder gepflügt haben – es wird nicht geschehen, daß man aus dem Palast jenen Fall untersuchen wird. So nimm jetzt (das Saatgut) von dort und bereite jenes Saatgut vor!»; HKM 55, 3-17 (Brief des Kaššu an Himuili): «Siehe, Pulli hat mir von K. geschrieben: "Himuili liefert nicht das Saatgut für die Saatfelder von Tapika und Tahašara, die gepflügt worden sind, und ich habe kein Saatgut". Wo ist jenes Saatgut hingekommen, worüber du, Himuili, mir sagtest: "Jetzt ist das Saatgut für Tapika vorbereitet, einerseits von A., andererseits von Harija, andererseits von Hanikawa"?».
S. noch HKM 104 u. → **Tapika**.
¶ M. Forlanini, Heth 5 (1983), S. 11ff. (= Kaziura); M. Forlanini, ASVOA 4.3 (1986) Tav. XVI 2) r.K. (= Gaziura).

Kašitu* (?)

hur.   *pa*]-*pa-an-na ga-a-ši-du* KBo XXXIII 8 II 10'

Kaška

Stf.   KUR ^{URU}*ga-aš-ga* KUB LIX 44 Rs 3; HKM 66, 21
     LÚ.MEŠ *ga-aš-ga*$^{HI.A}$ KUB L 48 III 1'
     ^{URU}*ga-aš-ga* KBo XXIII 90 Rs 4'; KUB XLII 81+HFAC 8 r.Kol.
      16'; KUB LVII 1, 14; HKM 7, 24; HKM 10, 18, 20, 25; HKM 23
      Vs 3, Rs 12'; 24, 8; 39, 14'; 66, 28; 71, 5
     ^{URU}*qa-aš-qa* HKM 17, 6; HKM 19, 7; HKM 102, 19
luw.   LÚ.MEŠ *ga-aš-ga-a-aš* KBo XXIX 38 Rs 16'

hur.   KUR ^{URU}*ga-aš-ga-an* KUB XXXII 20 + 23 + KBo XX 134 + KBo
        XXIII 35 + KBo XXVII 113 Rs 3(br.), 9'(br.), 11'(br.), 14', 20'(br.)
br.   KUR ^{URU}*ga*-[KBo XXIII 90 Rs 2'; *k*]*a-aš-ka* KUB LVII 22, 2';
        ]*qa-aš-ga* KUB XLVIII 110 II 7'; ^{UR}]^U*ga-aš-ga* IBoT IV 4, 8'

Vgl. → **Kašipura**.
¶ E. von Schuler, RlA 5 (1976-1980), S. 460ff.

Kaštaharuka*

Stf.   ^{URU}*ga-aš-ta-ha-ru-ga* HKM 102, 4

«Šunaili, der "Blinde", Mann von K. (Sein) Gegenwert: 1 Mann, 1 Frau,
1 Kind, 8 Rinder, 3 Ziege».
¶ M. Forlanini, RIL 126 (1992).

Kaštama

Abl.   ^{URU}*ka-aš-ta-ma-za* KUB LIII 16 V 12'
Stf.   KUR ^{URU}*kaš-ta-ma* KBo XXIV 127 Rs 9'
        ^{URU}*ka-aš-ta-am-ma* KUB LIV 64 Vs 6'
        ^{URU}*ka-a-aš-ta-ma* KBo XXV 140 lk.Kol. 11'
        ^{URU}*ka-aš-ta-ma* KUB LIII 49 Vs 12'; KUB LVI 35 I 6; KUB LVIII
          1 II 17'
        ^{URU}*ka-aš-da-ma* KUB XLVIII 13 Vs 7'
        ^{URU}*ga-aš-ta-ma* KUB LIV 70, 6'
        ^{URU}*kaš-da-ma* KBo XXVI 188 I 3'; KUB LVII 106 II 11, 42(br.)
        kaš-ta-ma KUB LVII 106 II 28
br.   ^{URU}*ka*-[KUB LVIII 65, 3, 9 (nach M. Popko Hrsg.); ^{URU}*k*[*a*- KBo
        XXVII 38, 4'

Ortsbestimmung: KUB LIII 16 Rs V Kultreise des Königs von K. nach →
Kaštuha und → **Zanišhapa**.
¶ A. Ünal, RlA 5 (1976-1980), S. 475f. (unv. Bo 3366 II 5ff.).

Kaštarištuwa*

Stf.   ^{URU}*ga-aš-tar-ri-iš-du-wa* HKM 112, 6

«Leute von K. aber wohnen in Kuwaštuhurihšena».

Kaštuha*

Kaštuha*

Abl. URU*ka-aš-du-ha-az* KUB LIII 16 V 17'
Stf. URU*ka-aš-du-ha* KUB LIII 16 V 15'

Ortsbestimmung: In der Nähe von → **Kaštama**.

Kaštumiša*

Stf. URU*ga-aš-du-mi-ša* HKM 99, 16

Wohl identisch mit → **Kištumiša**. «Zardumma, Mann von K.».

Kaštuwara

br. URU*ka-aš-t[u-* KBo XXIII 91 IV 14

Ergänzt nach I. Singer, StBoT 27 (1983) 63, StBoT 28 (1984) 29 mit Anm. 8, 245.
H. Otten, RlA 5 (1976-1980), S. 477.

Kašu

Nom. KUR? *kaš-šu-uš* KUB LVII 106 II 29

¶ A. Ünal, RlA 5 (1976-1980), S. 474; M. Forlanini, SMEA 18 (1977), S. 202f. («nella catena che dall'İlgaz Dağ si prolunga fino a nord di Kargi»); M. Forlanini, ASVOA 4.3 (1986) Tav. XVI 5) m.K.

Kašula

¶ H. Otten, RlA 5 (1976-1980), S. 477 (unv. 1048/u, 2; Bo 4860 III 4ff.); M. Forlanini, SMEA 18 (1977), S. 218f. (nördlich des Gökırmak, zwischen Azdavay und Devrekâni); M. Forlanini, ASVOA 4.3 (1986) Tav. XVI 5) m.K.

Kašulija* (?)

br. *k]a?-šu-li-ia[* KBo XVIII 155, 12

Vgl. J. Siegelová, *Verwaltungspraxis* (1986), S. 188.

Kašurija*

Nom. ^{URU}ka-šu-ri-ia-aš StBoTB 1 I 73

Ortsbestimmung: Im Lande → **Tarhuntaša**.

Kataha

Stf. ^{URU}ka-a-at-tah-ha KUB LIII 3 VI 20

«[Priester] der Gottheit der Stadt K.», die an den Festzeremonien für Telipinu von Kašha teilnehmen. Nach V. Haas – L. Jakob-Rost, AoF 11 (1984) 14 mit Anm. 16, 15, 21 wäre «die Stadt (der Göttin) Kataha» identisch mit Ankuwa, weil die Göttin Katah(a) (hat. = «Königin») die Gottheit eben von Ankuwa war (doch auch von manchen anderen Städten). Das Ritual wurde doch in → **Hanhana**, **Taniškurija** und **Kašha**, in der Umgebung des Gebirges → **Haharwa** und weit entfernt von **Ankuwa**, gefeiert.

Katala

Stf. ^{HUR.SAG}ka-ta-la KUB LIII 8 Vs 11(!); Bo 3478 IV 12'(br.)
KUR *ka-ta-la* KUB XXXVIII 28 II 6'

Göttlicher Berg verehrt im Ritual für Telipinu von → **Kašha**.

Katapa

Dat. ^{URU}ka-a-ta-pí KUB LVII 71, 5'
Stf. KUR ^{URU}ka-a-ta-pa KUB LIV 45 Rs? 6'
KU]R? ^{URU}ka-ta-pa KUB LX 23 Rs 2'
^{URU}ka-ta-pa KBo XXV 78, 3'; KUB XL 106 III? 3 (zur Lesung vgl.
M. Forlanini, Heth 10 [1990], S. 122 Anm. 12); KUB XLIX 101,
15', 16'
^{URU}ka-tap-pa KUB LIV 45 Rs? 8'
^{URU}ka-tap-pí KBo XXXIII 150, 4''
Eth. ^{URU}ka-a-da-p[u- KBo XVI 71 + KBo XVII 14 + KBo XX 4 + 16 +
24 + KBo XXV 13 I 16'
br. ^{URU}ga-t[a?- KUB XLIX 40, 2' («Hebat von K.»); ^{URU}ka-a-[KBo
XXIV 125, 3'
¶ H. Otten, RlA 5 (1976-1980), S. 486; M. Forlanini, SMEA 18

Katarka

(1977), S. 209ff.; M. Forlanini, SM 1 (1979), S. 180 Anm. 76; M. Forlanini, ASVOA 4.3 (1986) Tav. XVI 2) m.K. («forse il monticolo di Babalı o quello di Çamurlu»).

Katarka

Stf. ^{URU}*ga-tar-ga* KBo XXXII 224 Vs 12'

Kataŝira*

Gen. ^{URU}*ka-ta-še-ra-aš* KUB XLVIII 12 r.Kol. 12'

Ortsbestimmung: «[Wald] von K.» im Lande → **Zalpuwa** am Schwarzen Meer, zwischen → **Hašhatata** und **Mišturaha**.
¶ M. Forlanini, ZA 74 (1984) 248

Katija*

Stf. ^{URU}*qa-ti-ia* KUB LVI 19 II 6, 7

Katila

Nom. ^{URU}*kat-te-la-aš* KUB LIII 42 r.Kol. 7'
Stf. ^{URU}*ka-at-ti-la* KBo XVI 70, 7'
        É.GAL *ka-a-at-te-l*[*a* KUB LI 26 r.Kol. 19'
br.   *-l*]*a* KBo XXII 71 I 8' (= KUB XIV 13+ I 13)

Zur Lesung von KBo XVI 70, 7' vgl. I. Singer, StBoT 28 (1984), S. 112 Anm. 17; das Lemma Ka-x-annupi RGTC 6 S. 206 ist damit zu streichen.

Ortsbestimmung: In KUB LIII 42 r.Kol. nebst → **Harziuna**, **Turmita** und dem Berg **Kamalija** erwähnt. Lieferung von Schafen aus dem «Palast von K.» für das Winterfest für Halmašuit KUB LI 26 r.Kol. 17'ff.
¶ RGTC 4 (1991), S. 70.

KÁ.DINGIR.RA → Karduniaš

Katitimiša*

Gen. ^{URU}*ka-ti-ti-mi-iš-ša-aš* KBo XXXII 184 Vs 7', 17'(br.), Rs 4'(br.)

Landschenkungsurkunde des Zidanza; Vs 7'-8' «[...] iku Feld, 8 iku Feld auf der Weg nach K., [...], in der Stadt Munapta».

Kaumar*

Stf. ^{URU}ka-a-ú-ma-ar KUB LVII 84 III 21'

Ortsbestimmung: Im Lande **Taruka**, → **Hilaluha**.

Kawarna

Stf. ^{URU}ka-wa-ar-na KBo XIII 234 + KUB LI 69 Rs 9'

Kultlieferungen (Empfänger unbestimmt): «1 Schaf pflegen die Leute von K. zu geben; 5 *parīsu* 1 1/2 *sūtu* 1 *hazil-* 2 *upnu* Mehl [pflegen die ... zu geben]; 1 *parīsu* *šepit-* pflegt man von der "Grossen Tenne" zu geben; 2 Gefäße Wein pflegt man aus Hanhana zu geben».

Kawataka*

Stf. ^{URU}g[a]-w[a-a]t-[tá]g-g[a] HKM 65, 15

Lesung mit S. Alp, TTKY VI/34 (1991), S. XXVI. «Šimitili, Mann von K.».

Kawataru*

Stf. ^{URU}ga-wa-at-ta-ru HKM 99, 3

«[x-]lijaziti, Mann von K.».

Kazaha*

Stf. ^{URU}ka-za-a-ha KUB XLVIII 105 + KBo XII 53 Vs 25'

«2 Häuser, 20 Deportierte, Leute von K., Leute des Daduili, Leute des *upati*-Landes», dem Wettergott der Stadt *x-x-ši-na* im Lande Turmita als Arbeitskräfte zugewiesen.

Kazana

¶ RGTC 4 (1991), S. 71; M. Forlanini, Fs Alp (1992), S. 173 (in der unmittelbaren Gegend von → **Kaniš**). Vgl. → **Kanzana**.

Kazapa

Kazapa

¶ H. Otten, RlA 5 (1976-1980), S. 543 (unv. Bo 5544); M. Forlanini, ASVOA 4.3 (1986) Tav. XVI 5) m.K.; RGTC 4 (1991), S. 41.

Kazimara → Kizimara

Kaziura

¶ A. Ünal, RlA 5 (1976-1980), S. 543; M. Forlanini, Heth 5 (1983), S. 11 ff. (vgl. Kašipura).

Ka-x-annupi → Katila

Ka-x-kiluša → Kiškiluša

GE$_6$

HU[R]$^!$.SAG$^!$ GE$_6$ KUB LVII 106 II 22

«Quelle Šanaja auf dem Schwarzen Berg», verehrt in → **Šaluwataši**.

Kilišra

Stf. MÍ^{MEŠ} ^{URU}*ki-li-iš-šar* KBo XVII 21 + 46 + KBo XX 33 + KBo XXV 19 + KBo XXXIV 2 u.Rd. 41
^{URU}*ki-li-iš-tar* KBo XVII 21 + 46 + KBo XX 33 + KBo XXV 19 + KBo XXXIV 2 u.Rd. 43
^{URU}*ki$^?$-li$^?$-iš-ra* KUB LVII 120 Rs 14′

Gott Zilipuru von K. KBo XXXIV 2+ u.Rd. 43 (KI.LAM-Fest, vgl. I. Singer, StBoT 28 [1984], S. 91). Lesung in KUB LVII 20 unsicher; A. Archi Hrsg. liest *di-te-iš-*. Der Text, in sehr flüchtigen Schrift und mit vieler Abkürzungen geschrieben, ist mir unklar. Vgl. → **Mali, Ninaša, Ankuwa**.
¶ H. Otten, RlA 5 (1976-1980), S. 591.

Kinahha

akk.   KUR *ki-na-hi* KBo XXVIII 1 Vs 22' (schon, aber irrig, zitiert RGTC
6 S. 208 als unv. 1199/c +)

¶ RGTC 5 (1982), S. 167.

Kinara

¶ M. Forlanini, SMEA 18 (1977), S. 218 (am Schwarzen Meer zwischen
Sinope und Zonguldak); M. Forlanini, ASVOA 4.3 (1986) Tav. XVI 5)
m.K.

Kinta*

Stf. ^{URU}ki-en-ta KBo XXIII 113 III 12'

Traum Seiner Majestät in K. (br. Gelübde an den Berg Pišaiša).

Kinza

akk. ^{URU}ki-*i*[*n*?- KBo XXVIII 16, 19' (nach H.M. Kümmel Hrsg.)

Kipita

Stf. ^{URU}ki-*pí-it-ta* KUB XLVIII 105 + KBo XII 53 Vs 10' (schon zitiert
RGTC 6 S. 209)

Ortsbestimmung: Im Lande → **Wašhanija**: «In K., der Sonnengottheit hat
Seine Majestät dieses bestimmt: 1 Haus, darin 10 Deportierte, [... vom
Palast] des Labarna; Innarawa wird Leute von ON geben; 4 Pflugrinder,
[...], x [Schafe] der Stadt Ušhanija setzt man fest; 100 Schafe der
Salzhersteller [von ON ...], 20 Ziegen gibt Pihananaja vom Lande; man
leistet den Dienst, die Tenne versorgt (sie mit) 15 (*parīsu*) Saatgetreide»
(ebd. 10'-13').
¶ A. Archi – H. Klengel, AoF 7 (1980) 151 (dasselbe als **Kapita**); RGTC
4 (1991), S. 71; M. Forlanini, Fs Alp (1992), S. 174 (unmittelbar westlich
von Kayseri).

Kišija → Kašija

Kiškiluša

Kiškiluša

Nach H. Otten, RlA 5 (1976-1980), S. 622 wäre der Name in den «Mannestaten des Šuppiluliuma» KUB XIX 13 + I 34f. als *ga-[aš]-ki-lu-uš-ša* zu ergänzen (vgl. RGTC 6 S. 207 → Ka-x-kiluša).

Kištumiša*

Gen.   ^{URU}*ki-iš-du-mi-ša-aš* HKM 103, 6

Wohl identisch mit → **Kaštumiša**. «20 Arbeiter, Leute von K. Šamitili der Vorsteher. 6 *parisu* 4 *sūtu* (Gerste ihre Ration)».

Kitawanta

¶ H. Otten, RlA 5 (1976-1980), S. 625.

Kiuta

Stf.   ^{UR]U}*ki-ú-ta* KUB LX 52, 7

Orakelanfragen die «[Söhne des] Arnuwanda» betreffend, vgl. KUB XVI 32 + L 6 +, KUB XVI 77 und → **Alalah**.

Kizimara

Stf.   ^{URU}*ki-iz-zi-ma-ra* KUB XLVI 29 + KBo XXVI 166 II 13′
        É *ki-iz-zi-ma-ra* KUB XLVI 30, 6′; HKM 100, 10
        É.GAL GAZ-*zi-ma-[ra* KUB LI 33 I 14′
        É GAZ-*zi-ma-ri-ia* KUB XLVIII 105 + KBo XII 53 Vs 7′
br.   ^{URU}*ki-iz-zi-ma-r[a* KUB LI 38, 9′

KUB XLVI 29 + KBo XXVI 166 Vs II 12′-17′: «Den Gottheiten von K. pflegt man die tägliche Brotopfergabe folgendermaßen zu geben: 7 Brote von 1 *warna-* (und) 1 Gefäß Wein ..., (im Einzelnen): 1 Brot für die Sonnengottheit des Himmels, 1 Brot für den Wettergott von Zipalanta, 1 Brot für Inar von Hattuša, 1 Brot für die Schutzgottheit des Königs, 1 Brot für Pirwa, 1 Brot für die Königin, 1 Brot für Hašameli». Kultlieferungen aus dem Haus/Palast von K. KUB XLVI 30, 6′ff. (für eine Sonnengottheit), KUB LI 33 (vgl. → **Harpanta**); Zuteilung von deportierten Arbeitskräften KUB XLVIII 105 + Vs 6′-8′ → **Šananauja**; HKM 100, 10: «Dumni, Hašduili, 2 (Männer) des Hauses von K.».

Kiziwar*

Stf. ^{URU}ki-zi-ú-wa$_a$-ar KUB LVII 84 III 19' = 82, 3'(br.)

br. ^{URU}ki-zi-[VBoT 130, 8' (RGTC 6 S. 211)

Ortsbestimmung: Im Lande **Taruka**, s. → **Hilaluha**.

Kizuwatna

Dat. ^{URU}ki-iz-zu-wa-at-ni KUB XLVIII 106, 15'; KUB L 1 III 8'

Stf. KUR ^{URU}ki-iz-zu-wa-at-na HKM 74, 12

  ^{URU}ki-iz-zu-wa-at-na KBo XXXIII 178 Rs 5'; KBo XXXIV 101 Vs$^?$
  6'; KUB XLVII 49 IV 8'; KBo XXXIV 203 + KBo XVII 89 Vs II
  5'(br.); KUB XLVII 85 Vs$^?$ 5'; KUB L 1 III 3', 18', 26'; KUB LVI
  28 Rs 6'; KUB LX 138 Vs 2(br.)

  KUR ^{URU}ki-iz-zu-wa-at-ni StBoTB 1 III 48

  ^{URU}ki-iz-zu-wa-at-ni KUB LVIII 79 IV 16'(br.); KUB LIX 53 I 1;
  StBoTB 1 III 84, 90, IV 48

  ^{URU}GAZ-zu-wa-a[t-n]a KUB XLVII 64 II 28

  ^{URU}GAZ-zu-wa-a[t- KUB XXVI 67 II 6' (nach J. Siegelová, *Verwaltungspraxis* [1986], S. 164)

akk. KUR ^{URU}ki-iz-zu-wa-at-ni KBo XXVIII 110 Vs 12' u. *passim*

  KUR ^{URU}ki-zu-at-ni KBo XXVIII 109 + KBo XIX 41 + KUB III 13,
  3', 6'

br. ^{URU}ki-iz-zu-wa-at-[KBo XXXIII 177 Rs 4'; ^{URU}ki-iz-zu-w[a- KBo
  XXIV 59 IV$^?$ 4'; ^{URU}ki-iz-zu-[KBo XXXIII 115 Rs 2'; KBo
  XXXIII 175 + ABoT 2 + KUB XXXII 100 VI 7'; KBo XXXIII 179
  Rs 4'; ^{URU}ki-iz-[KBo XXVIII 108, 22'; KUB LV 58 Rs 12'; ^{URU}ki-[
  KUB LV 67 IV 1'; -i]z-zu-wa-at-na KBo X 15, 10';]-iz-zu-wa-a[t-
  KBo XXXIV 109, 4'; -z]u-wa-at-na KBo XXX 95 Vs 5'; -a]t-na
  KBo XXXIII 182 Rs 5'; -n]a KBo XXIV 48 II 9'; k]i-iz-zu-wa-at-[
  KBo XXXIII 121, 5'

Das Lemma **Kazuwa[** RGTC 6 S. 206 ist zu streichen.

HKM 74, 12 (Brief des «Priesters», d.h. Telipinu, Sohnes des Šuppiluliuma
I, an Kaššu): «Weil das Land K. ein vorderster Grenzposten (*ha-an-te-
iz-zi-iš a-ú-ri-iš*) (ist)».

¶ H.M. Kümmel, RlA 5 (1976-1980), S. 627ff.; J. Freu, *Luwiya* (1980),
198ff.; M. Forlanini, ASVOA 4.3 (1986) Tav. XVI 4) r.K.

Kuiluna

Kuiluna

¶ RGTC 4 (1991), S. 73; M. Forlanini, Fs Alp (1992), 174.

Kuinzulija* (?)

Stf. ^{URU}ku-en-z[u]$^?$-li-ia KUB XLII 28 + III 4'

Möglich auch ku-en-ma-, vgl. J. Siegelová, *Verwaltungspraxis* (1986), S. 150.

Kukumuša → Kunkumuša

Kukuwawa

¶ M. Forlanini, ASVOA 4.3 (1986) Tav. XVI 2) m.K. (südlich von Hattuša); M. Forlanini, Fs Alp (1992), S. 173f., 178 (im Norden von Kaniš).

Kula[

br. $^{HUR].SAG}$ku-la-[FHL 149, 1'

Kulanta*

Nom. $^{UR]U}$gul-l[a]-an-ta-[aš KUB XXXVIII 10 + IV 33'
^{URU}gul$^?$-l[a$^?$]-a[n$^?$- KUB XXXVIII 6 + III 1'

Lesung nach M. Forlanini, Fs Alp (1992), S. 178 Anm. 54.

Kulila

Gen. ^{URU}ku-li-el-la-[aš KUB LI 15 Vs 3'
ku-li-il-la-aš KBo XX 71 + 76 + KBo XXIII 99 + KBo XXIV 87 Rs 9'
= KBo XX 44 + KBo XXI 80 + FHG 7 + IV 23'
Stf. ^{URU}ku-li-el-la KUB LVIII 15 I 5

Ortsbestimmung: KBo XX 44 + Rs IV 22'-27' // KBo XX 71 + Rs 9'-14': «Der König kommt von der Stele her (// Der König kommt zu der Stele herab, verneigt sich) und steigt auf den Wagen. Der König [erreicht] die ... von K. ... Der König fährt nach Matila»; KUB LI 15 Vs 2'-3': «Am nächsten Morgen aber fährt der König [nach/von] Arina. Wenn der König [erreicht die ...] von K. ...».

¶ H. Otten, RlA 6 (1980-1983), S. 303; M. Popko, AoF 13 (1986) 176ff.
(= → **Matila**); Ph.H.J. Houwink ten Cate, Fs Otten (1988) 169 Anm. 6.

Kulitha

So zu lesen das als Kulithawa angeführte Lemma RGTC 6 S. 218.

Kuliwisna

Stf.　　^{URU}*ku-li-ú-iš-na* KBo XVII 89 + KBo XXXIV 203 Rs V 8; KUB LI
　　　　22 I$^?$ 8'

br.　　^{URU}*ku-ú-l[i-* KUB LX 115, 4'; ^{URU}*ku-l[i-* KBo XXXIV 35 IV 7';
　　　　-n]a KUB XLVII 64 II 23

H. Otten, RlA 6 (1980-1983), S. 304f. (unv. 40/o I 1, 1144/u Rs 5; 807/f
Kolophon: ^{d}*IŠTAR* ^{URU}*ku-li-uš-n[a*).

Kumaha

Stf.　　^{URU}*ku-ma-ha* KUB LV 1 II 8'

«Der Gottheit [GN] pflegten die Bergwächter von K. das monatliche Fest
mit [...] zu feiern; jetzt aber hat man Feld (und) Flur des Palastes des
hekur- des Pirwa für sich genommen und man pflegt das Fest für die
Gottheit nicht (mehr) zu feiern» (ebd. 7'-10').
¶ RGTC 9 (1981), S. 70; RGTC 5 (1982), S. 171f.; H. Otten, RlA 6
(1980-1983), S. 334 (unv. Bo 4264 lk.Kol. 9; 1014/u, 10: *I-NA* ^{URU}*kum-
ma-hi*; M. Forlanini, ASVOA 4.3 (1986) Tav. XVI 3) m.K. (Kemah).

Kumani

KUR ^{URU}*kum-ma-an-ni* KBo XXIII 113 III 24'; KBo XXVII 6, 2'; KUB
XXXI 122 + FHL 42, 2
　　　KUR ^{URU}*kum-ma-ni* KBo XXXIV 273 III 8''
　　　KUR ^{URU}*kum-man-ni* KUB LX 93, 6'
　　　^{URU}*ku-um-ma-an-ni* KUB XLVIII 81, 6'
　　　^{URU}*kum-ma-an-ni* KUB XLVIII 116 I 2; KUB XLIX 102 Vs 8';
　　　　KUB L 35 Vs$^?$ 5, 21; KUB L 111, 4', 5'; KUB LII 79 II 4, III 16;
　　　　KUB LIV 1 + 552/u (= H. Otten, ZA 75 [1985] 143) I 25; KUB
　　　　LVI 15 II 25; IBoT IV 87 l.Kol. 3'

Kumija

URU*kum-man-ni* KBo XXIII 110 Rs 12′, 14′; KBo XXIII 117 Rs 12′;
KBo XXIV 126 Vs 37(br.); KBo XXVII 25 Vs? 12′; KBo XXXIV
145, 7′; KUB XLVI 37 Vs 15′, 16′, Rs 12; KUB XLIX 1 I? 3, IV?
6′, 7′, 9′, 21′, 25′; KUB LII 60 II 10′; KUB LVII 113 I 4, 9, 13
URU*kum-man-an-ni* KBo XXIV 120, 8′
KUR *kum-man-ni* KUB LVII 42 IV 9′
kum-man-ni KUB LVII 75, 4′

akk.   KUR URU*kum-ma-an-ni* KBo XXVIII 138 Vs 1; KBo XXVIII 145,
1(br.)

br.   *ku]m-ma-an-ni* KBo XXIII 53, 5′; *k]um-man-ni* KUB LII 43 IV 2;
K]UR URU*kum-*[KUB XLVIII 116 IV 2′

¶ H.M. Kümmel, RlA 6 (1980-1983), S. 335f.; M. Forlanini, SM 1 (1979),
S. 169 Anm. 169 (Yalak bei Şar); J. Freu, *Luwiya* (1980), 203ff.; M.
Forlanini, ASVOA 4.3 (1986) Tav. XVI 4) r.K.

Kumija

Dat.   *ku]m-mi-ia* KBo XXVI 92, 6′
Gen.   URU*kum-mi-ia-aš* KBo XXXII 10 III 7′; KBo XXXII 15 III 14, 21,
22
Abl.   URU*kum-mi-ia-az* KBo XXVI 94 III 7′
Stf.   URU*kum-ma* KUB XLV 77, 12′
br.   URU*kum-mi-x*[KBo XXXII 213 r.Kol. 9′
hur.   URU*kum-me-ni* KBo XXIV 57 + KBo XXI 28 + 29 + FHG 12 + KBo
XXIII 46 + KBo XX 128 + KBo XXVII 175 III 18′′; KBo XXXIII
143, 4′
URU*ku-um-mi-ni* KUB XLV 62 + KBo XII 80 Vs I? 5
ku-um-mi-ni-im KUB XLV 61 Vs II? 15
kum-mi-ni KBo XIX 135 III 7; KUB XLV 22 Rs III^{l} 12′
ku-um-ni KBo XXVII 117 IV 14′
ku-ú-um-me-ne-ne KBo XI 19 IV 10
URU*kum-me-ni-we*$_e$ KUB XLV 64 Rs? 7′
UR]U*kum-mi-ni-we*$_e$ KBo XXXII 17 IV 10′
URU*kum-mi-ni-wi*$_i$ KBo XXXII 11 I 1
URU*kum-mi-ni-pí* KBo XXXII 15 IV 14
kum-mi-ni-pí IBoT II 51 + KUB XXVII 46 + KBo XXXIII 205 I 9′
URU*kum-mi-ni-wu*$_u$-*uš* KBo XXXII 20 I 10′

Kumišmah*

br. ^{URU}ku-$m[i$- KUB XLV 62 + KBo XII 80 Rs IV$^?$ 7'; kum-[KUB XLV
       21 I 17'; $ku]m$-mi-ia-$aš$ KBo XXVI 93, 2'; ^{URU}kum-mi-$x[$ KBo
       XXXII 209:12'; ^{URU}kum-$m[i$- KBo XXXII 11 IV 4'; kum-[KUB
       XLV 21 Vs$^!$ 17'

¶ E. Laroche, RHA 34 (1976), S. 154; W. Röllig, RlA 6 (1980-1983), S.
336f. s.v. Kumme mit weiterer Lit.; H. Otten, RlA 6 (1980-1983), S. 337f.
s.v. Kummija.

Kumišmah*

Stf.   KUR kum-mi-$eš$-mah KUB LVII 106 II 10

Wettergott des Berges K., verehrt zusammen mit u.a. den Wettergöttern
von → **Nerik** und **Kaštama** in einer unbekannten Stadt (Z. 6, br.
Kultordnung). Vgl. den FN → **Kumišmaha**.

Kunajara → Manajara

Kunkumuša

Stf. $^{HUR.SAG}ku$-un-ku-mu-$[uš$-$ša$ KBo XXIV 117 r.Kol. 10'
        $^{HUR.SAG}ku$-ku-mu-$uš$-$ša^!$ KBo XXVI 227 III 9'

Zur Lesung des beschädigten letzten Zeichens in KBo XXVI 227 III 9'
(NA nach C.W. Carter, KBo XXVI Indices S. XV und H. Otten, RlA 6
[1980-198]), S. 341) vgl. etwa das ŠA in Vs II 17' gegen das NA Vs II
6', 16'. Als göttlicher Berg in KBo XXIV 117 r.Kol. 10' erwähnt. Festritual
für eine unbekannte Gottheit auf dem Berg KBo XXVI 227 Rs III 9'ff.

Kunu*

Stf.   URU.DU$_6$ $^m ku$-un-nu-$ú$ KUB XII 27 + Vs 1 = IBoT II 112 + KUB
        XLVIII 100 Vs 1 =
        URU.DU$_6$ ku-[KBo IV 2 III 40

Kunzinaša*

Abl. ^{URU}ku-un-zi-na-$ša$-az StBoTB 1 I 39

Ortsbestimmung: Bei → **Wanzataruwa** an der Grenze des → **Hulaja**-Fluß-
landes.

Kupi[

[Kunzutuha] → **Zunzurha**

Kupi[

br. ^{URU}ku-up-$pí$-[KBo XXVI 83, 10'

Kupla*

^{URU}ku-up-la-$aš$ KBo XXVI 94 III 9'

Im Zusammenhang mit → **Kumija** und **Ninuwa** erwähnt (mythologisches Bruchstück).

Kupra*

Stf. ^{URU}ku-up-ra KUB LIV 67 Vs 10'

Br. Kultordnung: «Haus KIP-ŠI der Stadt K.». In Z. 7' wird das Haus des Tametti, in der Rs die Städte → **Hanhana**, **Hatanta** und **Tawinija** und die Göttin Hatahga («Königin») erwähnt. Identisch mit → **Kupara** (geschrieben ku-up-$pár$-$aš$ mit KVK Zeichen) bei → **Katapa** RGTC 6 S. 224?

Kurhi

¶ H. Otten, RlA 6 (1980-1983), S. 368f.

Kuriwanta

¶ J. Freu, *Luwiya* (1980), S. 265 (Eğri Dağ).

Kurkuriša

Stf. ^{URU}ku-ur-ku-ri-$ša$ KUB XLII 29+ V 18'

Kurkutuni

¶ H. Otten, RlA 6 (1980-1983), S. 370.

Kuršamaša

¶ M. Forlanini, ASVOA 4.3 (1986) Tav. XVI 7) r.K. (um Kütahya).

86

Kuršaura

¶ H. Otten, RlA 6 (1980-1983), S. 372.

Kuršawanša → Kuwaršawanta

Kurtanaša*

Nom. ^{URU}*gur-ta-na-aš-ša-aš* StBoTB 1 I 75
Stf. ^{URU}*kur-ta-an-na-aš-ša* KUB XL 110 Vs 14'

Ortsbestimmung: Im Lande → **Tarhuntaša**.

Kurupašija*

Stf. ^{URU}*ku-ru-pa-aš-ši-ia* HKM 23 Vs 5

Kurupija

¶ J. Freu, *Luwiya* (1980), S. 330f.; H. Otten, RlA 6 (1980-1983), S. 372f.

Kurušta

Dat. ^{NA4}*ku-ru-uš-ti* KUB XLVIII 106, 21'

Kuruštama

Stf. ^{URU}*ku-ru-uš-ta-ma* KUB LI 35 Vs? 8'; KUB LIII 17 III 16'; FHL
32, 1', 6'(br.)

Vgl. → **Arina**.
¶ A. Ünal, RlA 6 (1980-1983), S. 373f. (unv. Bo 8337 // KBo X 11 I 3);
M. Forlanini, SMEA 22 (1980), S. 78f.; M. Forlanini, Heth 5 (1983), S.
14 Anm. 4; M. Forlanini, ASVOA 4.3 (1986) Tav. XVI 2) m.K. (westlich
von Sungurlu).

Kušara

Stf. ^{URU}*ku-uš-šar* KUB LVIII 15 I 11; KUB LX 134, 5

¶ A. Ünal, RlA 6 (1980-1983), S. 379ff. mit weiterer Lit.; M. Forlanini,
SM 1 (1979), S. 173 (um Tonus bzw. Kangal); M. Forlanini, ASVOA 4.3

Kušlu[

(1986) Tav. XVI 3) m.K.; RGTC 4 (1991), S. 74f. («im Bereich von Divriği»).

Kušlu[

br.   HUR.SAG*ku*$^?$-$uš$-lu-[KBo XXIV 117 r.Kol. 12'

Kutmar

akk.   URU?$ku^?$-$ut^{!?}$-mar KBo XXVIII 113 Vs? 14'

¶ M. Astour (1992), S. 6 Anm. 21.

Kutupitaša*

Stf.   URUku-tu-$pí$-ta-$aš$-$ša$ HKM 102, 6

«Pihina, ein "Blinder", Mann von K. 2 Männer, 3 Rinder sein Gegenwert».
¶ M. Forlanini, RIL 126 (1992) (= **Kutupšaši**).

Kutupšaši*

Stf.   KUR URUku-du-up-$ša$-$aš$-$ši$ KUB XLVIII 123 IV 13

S. → **Manajara**.
¶ M. Forlanini, RIL 126 (1992) (= **Kutupitaša**).

Kuwakuwalijata*

Stf.   HUR.SAGku-wa-ku-wa-li-ia-at-ta StBoTB 1 I 35

Ortsbestimmung: Grenzgebirge zwischen dem Lande → **Uša** und dem **Hulaja**-Flußland, verschrieben durch Haplographie als **Kuwalijata** in KBo IV 10 Vs 22 (= RGTC 6 S. 232).
¶ H. Otten, StBoTB 1 (1988) 35 Anm. 22.

Kuwalana*

Stf.   HUR.SAGku-wa-la-na KBo XXVI 193 I 4'

Kuwalapaša

¶ O. Carruba, Sprache 24 (1978), S. 167 (Telebehi/Telmessos in Lykien); J. Freu, *Luwiya* (1980), S. 271f., 317ff.; M. Forlanini, ASVOA 4.3 (1986) Tav. XVI 7) r.K. (Kolbasa); M. Poetto, *Yalburt* (1992), § 32 (Telebehi/Telmessos in Lykien). Vgl. → **Kuwapaša**.

Kuwalija

Stf.   KUR ^{URU}*ku-wa-li-ia* KUB XIX 51 + HFAC 1 I 8'

¶ J. Freu, *Luwiya* (1980), S. 281ff.; S. Heinhold-Krahmer, RlA 6 (1980-1983), S. 397. Vgl. → **Mira**.

Kuwalijata

¶ J. Freu, *Luwiya* (1980), S. 248ff.

Kuwapaša

Stf.   KUR ^{URU}*ku-wa-ap-pa-aš-ša* KUB XXI 6a Rs? 10'

Zu korrigieren RGTC 6 S. 231 s.v. **Kuwalapaša** nach M. Forlanini, VO 7 (1988), S. 158 mit Anm. 135.

Kuwari

hur.   *ku-wa-ar-ri-pa* KBo XXXIII 9, 7' =
ku-wa-ar-[KBo XXXIII 8 III 8'

Neben dem Berg → **Amarik** erwähnt.

Kuwaršawanta*

Abl. ^{URU}*ku-wa-ar-ša-u-wa-an-ta-az* StBoTB 1 I 31

Ortsbestimmung: An der Grenze des → **Hulaja**-Flußlandes; geschrieben ^{URU}*kur-ša-wa-an-ta$^!$-aš* KBo IV 10 Vs 20 (entsprechend zu korrigieren RGTC 6 S. 227).

Kuwašarija

¶ M. Forlanini, VO 7 (1988), S. 152 (um Konya).

Kuwaštuhurihšena*

Kuwaštuhurihšena*

Stf.   ^{URU}*ku-wa-aš-túh-hu-ur-ri-ih-še-na* HKM 112, 7

Vgl. → **Kaštarištuwa**.

L

Lahina[*

br.   ^{URU}*la-hi-na-a*[*n*?(-) KUB LII 24 I 10, 15

La(hu)wazantija

Stf.   *-h*]*u-u-wa-za-an-ti-ia* HKM 96, 20'
       ^{URU}*la-wa-za-an-ti-ia* KUB XVIII 63 + VI 29 IV 25'; KUB XLVIII
       123 I 6', 9', 23', III 15, IV 4, 11, 16; KUB LII 72 Vs 10, 11, 13;
       KUB LII 79 III 9'; KUB LVI 25 IV? 12'; KUB LX 105 Vs 6(br.),
       Rs 1'(br.); KUB LX 118, 9'; StBoTB 1 III 91
       ^{URU}*la-wa-za-ti-ia* KUB LVII 87 III 6'
       ^{URU}*al*!?*-wa-za-an-*[KUB XLVIII 123 I 12' (nach H. Klengel Hrsg.)
br.   ]*la-wa-za-an-ti-i*[*a* KUB L 117 II 6; ^{URU}*l*[*a*?- KUB XLIX 99 II 5'
       (nach A. Archi Hrsg.); ^{URU}*l*[*a*¹?]*-w*[*a-x-x-t*]*i*?*-ia* KUB LVI 23 Vs
       1(??); *-a*]*z*?*-za-an-ti-ia* KBo XXIII 84 Rs 2'

    M. Forlanini, SM 1 (1979), S. 170f. (Karahüyük bei Elbistan); H. Hirsch,
RlA 6 (1980-1983), S. 433ff.; I. Wegner, RlA 6 (1980-1983), S. 435f.; J.
Freu, *Luwiya* (1980), 215 (Karahüyük); M. Forlanini, ASVOA 4.3 (1986)
Tav. XVI 4) r.K.; Kh. Nashef, *Reiserouten* (1987), S. 5; RGTC 4 (1991),
S. 78ff.

Lahuwijaši*

Nom.   ^{URU}*la-ah-hu-ú-i-ia-aš-ši-iš* StBoTB 1 I 69

Ortsbestimmung: Im Lande → **Tarhuntaša**.

Lahzan → Lihzina

Lakiš[

Lakiš[

Stf. ^{URU}*la-ak-ki-i-iš*-[KUB L 2, 4'

Lesung mit A. Archi Hrsg. Festlichkeiten von L.

Laknanika*

Abl. ^{URU}*la-ak-na-ni-ga-az* KBo XXIV 107 Vs 8'

Laku

¶ G. Frantz-Szabó, RlA 6 (1980-1983), S. 436.

Lalanta

¶ G. Frantz-Szabó/A. Ünal, RlA 6 (1980-1983), S. 437.

Lalapatuwa

Stf. $^{HUR.SAG}$*la-la-pa-du-wa* KBo XXVI 65 II 15', 22'(br.) (= KUB XXXIII 106 + KBo XXVI 65 II 59, 66)

Lalha

¶ G. Frantz-Szabó, RlA 6 (1980-1983), S. 437f.; M. Forlanini, ASVOA 4.3 (1986) Tav. XVI 5) m.K.

Lalupija

Stf. ^{URU}*la-a-al-lu-ú-pí-ia* KBo XXIX 201 II 13', 14'; KBo XXIX 205, 10'
^{URU}*la-al-lu-ú-pí-ia* KBo XXIX 199 r.Kol. 6'(br.)
^{URU}*la-al-lu-pí-ia* KBo XXIV 82 r.Kol. 5'(br.), 8'; KBo XXIX 204, 8'
^{URU}*la-lu-ú-pí-ia* KBo XXIX 199 r.Kol. 10'; KBo XXIX 206 + KUB XXXII 123 IV 51'
^{URU}*la-lu-pí-ia* KBo XXIX 203 Rs 3'(br.); KBo XXIX 206 + KUB XXXII 123 IV 47'; KUB LV 65 III 9', 15', IV 46

¶ G. Frantz-Szabó, RlA 6 (1980-1983), S. 438f.

Lamija

¶ M. Forlanini, ASVOA 4.3 (1986) Tav. XVI 4) r.K.; M. Forlanini, VO 7 (1988), S, 130, 144 (Tömük).

Lanta

Abl.   l]a-an-da-za KUB LIX 46 Rs 10'
Stf.   URUla-a-an-ta KUB LVII 87 II 1
       URUla-a-an-da KBo XXXI 51 Vs 5', 6' (nach J. Siegelová, Verwaltungspraxis [1986], S. 320)
       URUla-an-da KUB LVII 88 I 4'(!)
       DUMU.NITA la-an-da KUB LV 56, 8' =
       DUMU.NITA la-an-ta KBo XXXIV 262, 7'
akk.   URUla-an-da KBo XXVIII 144, 2' (? nach H.M. Kümmel Hrsg.)

¶ A. Ünal, RlA 6 (1980-1983), S. 487f.; M. Forlanini, ASVOA 4.3 (1986) Tav. XVI 6) l.K. (Laranda/Karaman); M. Forlanini, VO 7 (1988), S. 136f.; M. Forlanini, Heth 10 (1990), S. 121 (= Laranta).

Lapašu[*

br.   HUR.SAGla-pa-š[u- KUB XLVIII 87, 4'

Im Zusammenhang mit einem Feldzug gegen Arzawa.

Lapina

Nach CHD 3/1 (1980) S. 45a wäre eher URUla-ap-pí-na-a[š-š]i zu lesen. Dabei ist aber zu beachten, daß die anderen ON im Kolophon von KBo XIII 237 im Nominativ erscheinen.

Lablana

hur.   HUR.SAG-ni-eš na-ap-la-an-ni-eš KBo XXVII 117 Rs 10'
       ]-ap-la-na-ša-an-na KUB XVII 27 III 22
       na-ap-la-an-ni-pí KUB XLVII 101 IV 9'
       la-ap-la-an-n[i- KBo XXVII 217 Vs 26' (hierher?)

¶ RGTC 5 (1982), S. 175; M. Weippert, RlA 6 (1980-1983), S. 641ff.

Larak

Larak

¶ RGTC 5 (1982), S. 176; D.O. Edzard, RlA 6 (1980-1983), S. 494f.

Laranta*

Stf.　^{URU}*la*$^!$*-ra-an-ta* KUB LVII 111, 17'

Zur Lesung vgl. M. Popko, Or 57 (1988) 92; M. Forlanini, Heth 10 (1990), S. 120f.; nach A. Archi Hrsg. eher Atranta zu lesen.

Larima

KBo IV 10 Vs 30, RGTC 6 S. 244, → **Šurima**.

Lawanta

¶ M. Forlanini, SMEA 18 (1977), S. 215ff. (um İznik)

Lawaša

¶ J. Freu, *Luwiya* (1980), S. 259 (Hasan dağı).

Lawata

Stf.　^{KUR}*la-wa-ta* KUB LVII 58, 8' = KUB LVII 106 II 16

Göttlicher Berg verehrt in → **Šaluwataši**.

Lawazantija → La(hu)wazantija

Lihaja (?)

Stf.　$^{URU!}$*li-ha-ia*(*-ma*) KUB V 1 II 17

«Solange ich sie (= die Kaškäer) in L. schlage, wird der Orakelbescheid für Nerik dadurch günstig sein?» (nach H.G. Güterbock – H.A. Hoffner, CHD 3/1 [1980], S. 9*a*; unklar).

Lihša

Stf.]x *li-ih-ša* KBo XXIV 132 Vs 2'

Stadt- oder Bergname (vgl. RGTC 6 S. 246). In dem Stadtname Lihša möchte H. Berman, StBoT 29 (1983) 62 «a variant spelling of ^{URU}Lihš/zina» sehen. Zum Bergname s. M. Forlanini, Fs Alp (1992), S. 172 (in der unmittelbaren Gegend von → **Kaniš**).

Lihzina

Abl. ^{URU}*li-ih-zi-i-na-az* KBo XII 19 I 1', 2'
Stf. ^{URU}*li-ih-zi-na* KUB XLIX 21 II 15', III [1], IV 1
      ^{URU}*li$^?$-ih$^?$-ši-na* KUB XLVIII 105 + KBo XII 53 Vs 19'
hat. ^{URU}*la-ah-za-an* KUB XXVIII 3 + KUB XLVIII 61 Vs 10a = KUB XXVIII 4 Vs 9, 16 (!)
br. ^{URU}*li-ih-ši-[* KBo XXVI 138, 8'; *-i]h-zi-ni* KBo XII 77, 11'; *-n]a* KUB XLVII 64 II 25

Ortsbestimmung: Wohl im Lande → **Zalpuwa** zu suchen, vgl. KBo XII 19 → **Hašhatata**. Nach A. Archi – H. Klengel, AoF 7 (1980) 151 wäre der Name der Stadt auch in KUB XLVIII 105 + KBo XII 53 Vs 19' zu lesen («Im Lande Turmita, in der Stadt *x-x-ši-na*»), was aber, angesichts des oben angeführten Lokalisierungsversuches, nicht sehr wahrscheinlich scheint.
¶ M. Forlanini, ZA 74 (1984) 259f.; G. Frantz-Szabó, RlA 7 (1987-1990), 18f.

Lipraša*

Stf. ^{URU}*li-ip-ra-aš-ša* KUB LIV 1 + 552/u (= H. Otten, ZA 75 [1985] 143) I 12(br.), 42

Ortsbestimmung: Vielleicht im SO Kleinasiens um Kumani zu suchen, vgl. A. Archi – H. Klengel, AoF 12 (1985) 61.

Lišipra

Akk. ^{URU}*li-ši-ip-ra-an* HKM 10, 5
Stf. ^{URU}*li-ši-ip-ra* HKM 10, 8

Luhma

Ortsbestimmung: Im Bezirk → **Tapika**. HKM 10, 3-13 (Brief Seiner Majestät an Kaššu): «Was die Angelegenheit des Pihinakki betrifft, über die du mir (folgendermaßen) geschrieben hast: "Wie Pihinakki sich mit dem Ansiedeln von L. beschäftigt ist, er hat (es) schon mit 30 Häusern besiedelt": aber Pihinakki hat mir folgendermaßen gesagt: "In L., das ich besiedele, werde ich gar 300 Häuser bringen, dann werde ich die Vertrauensleute vor Seine Majestät senden und letztlich werden wir den Dorf fortführen". Ich habe das gehört. Ausgezeichnet: führe eben das durch!».

Luhma

br.   KUR ^{URU}*lu-uh*-[KBo XXXIV 91, 9'

Luka

Stf.   KUR ^{URU}*lu-uq-qa-a* KBo XXXIV 91, 3'; KUB LX 157 III 3
br.   KUR.KUR^{MEŠ} ^{URU}*lu*-[KUB LVII 19, 11' (? nach A. Archi Hrsg.)

¶ J. Freu, *Luwiya* (1980), S. 306ff.; M. Forlanini, ASVOA 4.3 (1986) Tav. XVI 7) m.K.; M. Forlanini, VO 7 (1988), S. 157ff.; W. Röllig, RlA 7 (1987-1990), 161ff.

Lula

Nom. $^{HUR.SAG}$*lu-u-la-aš* StBoTB 1 I 43
Stf. $^{HUR.SAG}$*lu-ú-la* KUB XL 110 Rs 4'

Göttlicher Berg im Trankopfer in KUB XL 110.
¶ J. Freu, *Luwiya* (1980), S. 247; M. Forlanini, VO 7 (1988), S. 133f. (= byz. Loulon um Çanakçı).

[Lulajama]

Angeführt von H. Klengel Hrsg. S. X als ON KUB LVI 24 Rs 9: *BI-IB-RU lu-ul-la-i-ia-ma-aš*, vgl. dazu M. Popko, Or 57 (1988) 91.

Luluwa

Stf.   KUR *lu-ul-lu-wa* KUB LVII 8 Rs 9'

^{URU}*lu-ul-lu-wa* KBo XXXII 10 II 1, 9

KUB LVII 8 Rs 9': «Er machte [...] König im Lande L.» (Brieffragment des Šuppiluliuma II wohl an Tukulti-ninurta I von Assyrien). Vgl. A. Hagenbucher, THeth 16 (1989) 330f.
¶ E. Laroche, RHA 34 (1976), S. 161.; H. Klengel, RlA 7 (1987-1990) 164ff.; RGTC 5 (1982), S. 188f.

LUM-anhila → SIG$_4$-anhila

Lupuruna

¶ M. Forlanini, VO 7 (1988), S. 143 (Lampron nördlich von Tarsus).

Lušna

¶ M. Forlanini, ASVOA 4.3 (1986) Tav. XVI 6) l.K.; M. Forlanini, VO 7 (1988), S. 136 (Lystra/Hatunsaray); G. Frantz-Szabó, RlA 7 (1987-1990), 180.

Luwija

Adv.   *lu-ú-i-li* KBo XXIX 22, 2'; KBo XXIX 25 III$^?$ 2'; KBo XXIX 30 IV 7'; KBo XXIX 48 III$^?$ 9'; KBo XXIX 60, 5'; KBo XXX 187 II 10' *lu-i-li* KBo XXIX 58, 4'; KBo XXX 187 III 1

br.   *lu-ú-[* KBo XXIX 9 Vs 9; KBo XXIX 42 Vs$^?$ 7'

In KBo XXIX 52 r.Kol. 1' anstelle von Luwija (ebd. Indices S. XIII) lies mit F. Starke, StBoT 30 (1985) 388 LÚ.U$_{19}$.LU.
¶ E. Laroche, RlA 7 (1987-1990), 181ff.

M

Mahara*

Stf.　[HUR].SAG*mah-ha-ra* KUB LVII 68 Rs 21'

Nebst Berg → **Urauna** erwähnt.

Mahrima*

Akk.　URU*ma-ah-ri-im-ma-an* StBoTB 1 II 9

Ortsbestimmung: Im Lande **Tarhuntaša**, → **Šarmana**.

Mahuiraša

¶ J. Freu, *Luwiya* (1980), S. 264f. (bei Akviran); M. Forlanini, VO 7 (1988), S. 153 mit Anm. 113.

Makita*

akk.　URU*ma-ak-ki-it-ta-a* KBo XXVIII 86 Rs 4', 5'

Nach I. Singer, Fs Otten (1988), pp. 327-332 und A. Hagenbucher, THeth 16 (1989) 436 = Tell el-Mutesellim/Megiddo (winziges Brieffragment eines Untertanen an den hethitischen Großkönig, nennt Urhitešub, Tilitešub und ägyptische Boten).

Malazija

Akk.　URU*ma-la-az-zi-an* HKM 6, 20

Stf.　KUR URU*ma-la-az-zi-ia* HKM 47, 4

　　URU*ma-la-az-zi-ia* HKM 65, 5; HKM 76, 6

　　URU*ma-la-zi-ia* HKM 102, 15

Ortsbestimmung: HKM 6, 17-23 (Brief Seiner Majestät an Kaššu): «Ich habe gehört, was du mir folgendermaßen geschrieben hast: "Siehe, ich habe Späher gesandt, um M. und Takašta auszuspähen"», vgl. S. Alp, Fs Otten (1988), S. 3. HKM 76, 4-7: «Siehe, Hatt[u]š[ili]? und Pigganu, Leute von M., sind geflohen»; HKM 102, 15: «Gašaluwa, Mann von M., ein "Blinder"».
¶ M. Forlanini, RIL 126 (1992).

Malhuwalijata*

Nom. ^{URU}*ma-al-hu-wa-li-ia-ta-aš* StBoTB 1 I 73

Ortsbestimmung: Im Lande → **Tarhuntaša**.

Mali...*

Abk. ^{URU}*ma-li* KUB LVII 120 Rs 13′

Vgl. → **Kilišra**.

Malimalija

Nom. ^{HUR.SAG}*ma-li-ma-li-ia-aš* KUB VII 24 Vs 1, Rs 8′ (zu korrigieren RGTC 6 S. 256)
Akk. ^{HUR.SAG}*ma-li-*[KUB LVIII 29 I 2′

Hier gebucht wegen des möglichen Joins mit KUB VII 24 (vgl. OA 28 [1989] 164): Vs I 1ff. Kultordnung für den Berg M. bei → **Tahniwara**, vgl. RGTC 6 S. 379.

Malita

Stf. ^{URU}*ma-li-ta* KUB LI 53 Rs l.Kol. 4′
br. ^{URU}*ma-li-i*[*t*? - KBo XXVI 182 IV 8′

Lesung in KBo XXVI 182 nach M. Forlanini, Fs Alp (1992), S. 178; dort neben dem (göttlichen) Berg Arnuwanda erwähnt. In KUB LI 53 «Sonnengottheit von M.» (br. Kultordnung).
¶ RGTC 4 (1991), S. 81f.; M. Forlanini, a.a.O.

Malitaškurija

Malitaškurija

br.   *-l]i?-da-aš-ku-ri-ia* KUB XLVIII 105 + KBo XII 53 Vs 42'

Ortsbestimmung: Lesung nach A. Archi-H. Klengel, AoF 7 (1980) 145. Wenn richtig ergänzt, im Lande → **Turmita**. Tempel der Gottheit Nanaja. ¶ M. Forlanini, SM 1 (1979), S. 177 (östlich des Tuz Gölü).

Malitija

Stf.   URU*ma-li-ti-ia* KBo XXII 264 III 12

¶ Arslantepe bei Malatya. RGTC 9 (1981), S. 55f.; RGTC 5 (1982), S. 196; M. Forlanini, ASVOA 4.3 (1986) Tav. XVI 3) m.K.

Mam(a)nanta

¶ M. Forlanini, Fs Alp (1992), S. 178.

Manajara*

Abl.   *-i]a-ra-za* KUB XLVIII 107 IV 13
Stf.   URU*ma-na-ia-ra* KUB XLVIII 123 IV 14

Ortsbestimmung: Gelübde der Königin: «Von M. im Land Kutupšaši [...] in M. [hatte] die Königin einen bösen Traum. [Als sie aber Pišh]apuwaiša erreichte ...», KUB XLVIII 123 IV 13-15.
¶ M. Forlanini, RIL 126 (1992).

Manazijara

Hier einzuordnen ist der Beleg URU*ma-na-zi-ia-*[KBo V 6 I 45 (= RGTC 6 S. 255 s.v. Mal/nazija), vgl. M. Forlanini, Heth 8 (1987), S. 117 Anm. 42.

Manuzija

Stf.   URU*ma-a-nu-zi-ia* KUB XXV 48 + XLIV 49 Rs! IV 22'; KUB LIV 36 Vs 9
URU*ma-nu-uz-zi-ia* KBo XXIX 207, 5', 9'; KUB LI 27 Vs 12'

^{URU}*ma-nu-zi-ia* KUB XLV 75 Vs III 10', 13'; KUB LVII 87 III 9';
KUB LVII 113 I 1; KUB LX 34, 5'; FHL 186, 2'
^{URU}*ma-nu-zi* KBo XXXIII 176 VI$^?$ 4'; Bo 7871 I 11' (= ChS 4 S.
66)
ma-a-nu-uz-zi KUB LI 16, 8'
ma-nu-zi-ia KBo XXIII 28 + KUB XXXII 65 + 61 I 54'; KBo XXIV
76, 7'; KUB XLVII 73 Vs III$^!$ 14'; KUB LI 21 Rs$^?$ 11'
ma-nu-zi KBo XXIV 76, 2'; KBo XXXIII 201 Rs$^?$ IV 11'; KUB
XLVII 73 Rs IV$^!$ 7'

hur. ^{URU}*ma-a-nu-zu-hi* KUB XXV 48 + XLIV 49 Rs$^!$ IV 16'; KUB XLV
59 Rs 18'(br.)
ma + a-nu-zu-u-hi KUB XLVII 75, 1', 5'(br.)
ma-a-nu-zu-hi KUB XLV 53 Vs III 7'
ma-nu-zu-hi KBo XXIV 76, 16'; KBo XXXIII 201 Vs$^?$ III 9', Rs$^?$
IV 7'; KUB XXVII 20, 6'(br.); KUB XLV 58 + HT 92 Rs IV 11',
12'
ma-a-nu-zu-un-na KBo XXXIII 184 Rs IV$^!$ 6'; KBo XXXIII 201 Rs$^?$
IV 2'(br.)
ma-nu-uz-zu-un-na KBo XXIII 20 I$^?$ 13'(br.)
ma-nu-zu-un-na KBo XXVII 156 + 196 + KBo XXXIII 183 Vs$^!$ III 4;
KBo XXVII 194 l.Kol. 8'; KBo XXXIII 185 Vs III 14'(br.)
ma-nu-zi-en-[ni KUB XLV 59 Rs 23'

br. ^{URU}*ma-nu-[* IBoT II 112 + KUB XLVIII 100 Vs 9; *ma-nu-uz-zu-[*
KBo XXIII 20 Rs$^?$ 2'; *ma-n[u-* KBo XXIII 85 Rs 7'; KUB XXXIV
125 r.Kol. 8'; KUB XLV 58 + HT 92 Rs III 4'; *ma-[* KBo XXX
133, 2'; *m]a-nu-zi-ia* KBo XXXIII 197 Rs 15''

¶ E. Laroche, RHA 35 (1977), S. 167.

Manuzija

akk. $^{[HUR.SA]G}$*ma-a-nu-zi-ia* KBo XXVIII 138 Rs 4'
$^{HUR.SAG}$*ma-nu-zi-ia* KBo XXVIII 138 Rs 3'

Marhaši → Paraši

Maraša

Maraša

br. ^{URU}*ma-ra-ša*(-)*ta-x*[KUB XLVIII 91, 6'

¶ M. Forlanini, ASVOA 4.3 (1986) Tav. XVI 7) r.K. (um Kütahya).

Marašantija

br. ^{URU}*ma-ra-aš-ša-an-t*[*i-* KBo XXIII 111, 12'; KUB LII 39 I 2'

«Wir haben die *katra*-Frauen befragt; so (antworteten) sie: «Als Urhitešub uns in M. [...]»» (KBo XXIII 111, 11'-12'). Kultverfehlungen in einem Tempel in M. KUB LII 39.
¶ G. Frantz-Szabó, RlA 7 (1987-1990), 354f.

Marišta

Stf. ^{URU}*ma-ri-eš-ta* HKM 17, 15, 18; HKM 24, 48
^{URU}*ma-ri-iš-ta* HKM 24, 13(br.), 58

Ortsbestimmung: HKM 17, 15-20 (Brief Seiner Majestät an Beamten von Tapika): «Siehe, was ihr mir geschrieben habst: "Pizzumaki hat uns folgendermaßen gesagt: Der Feind zieht nach Marešta. [Siehe$^?$], den Pipitahi schickte ich zum Spähen [hin]aus. Die Späher (des Feindes$^?$), wel[che] Marešta nahe sind, wir werden jene (Späher) schlagen» (S. Alp, Fs Otten [1988], S. 2).
¶ M. Forlanini, SM 1 (1979), S. 180ff. (bei Akçakısla); M. Forlanini, ASVOA 4.3 (1986) Tav. XVI 3) l.K.

Mardaman

hur.   *mar-da-ma-an-ni* KUB XLV 84 Rs 7

¶ E. Laroche, RHA 35 (1977), S. 167f.; RGTC 2 (1974), S. 118; RGTC 3 (1980), S. 160; D.O. Edzard, RlA 7 (1987-1990), 357f.; RGTC 4 (1991), S. 83.

Maša

Stf.   KUR ^{URU}*ma-a-ša* KBo XXXIV 91, 4'

^{URU}*ma-a-ša* KBo IX 94, 8'; KUB XL 96 + KUB LX 1 r.Kol. 4'(br.), 13'; Bo 6754, 2', 3' (nach J. Siegelová, *Verwaltungspraxis* [1986], S. 272)

¶ M. Forlanini, SMEA 18 (1977), S. 215ff. (Mysien/Bithynien); J. Freu, *Luwiya* (1980), S. 274f., 330; M. Forlanini, ASVOA 4.3 (1986) Tav. XVI 7) r.K.S.; Heinhold-Krahmer, RlA 7 (1987-1990), 441f.

Maštura*

Stf.   ^{URU}*ma-aš-tu-u-ra* KUB LVIII 32 I 1, 16
       ^{URU}*ma-aš-tu-ra-ah* KUB LIX 30 Vs 18'

Ortsbestimmung: KUB LVIII 32 ist die Festbeschreibung für den Wettergott von M., neben den Wettergott von → **Hašhašanta** und der Sonnengöttin von → **Zihnuwa**, daher wohl identisch mit → **Mišturaha** und im Lande → **Zalpuwa** am Schwarzen Meer zu suchen, vgl. OA 28 (1989) 164f.; ähnlich KUB LIX 30.

Mata

Nom.   ^{URU}*ma-a-ta-a-aš* StBoTB 1 I 57

Vgl. → **Šarantuwa**.
¶ RGTC 4 (1991), S. 84.

Matana*

Nom.   ^{HUR.SAG}*ma-ta-na-aš* KUB L 23 III 4'

Matarwanta*

Nom.   ^{URU}*ma-at-tar-wa-an-ta-aš* StBoTB 1 I 77

Ortsbestimmung: Im Lande → **Tarhuntaša**. «Zelt-Leute» von M. und Para, den Göttern von Tarhuntaša überlassen, vgl. H. Otten, StBoTB 1 (1988) 40.

Matila

Stf.   ^{URU}*ma-ti-el-la* KUB LI 81 Rs? 8'(br.); KUB LVIII 40 V 1'

Matunaša

br. ^{URU}*ma-d*[*i-* KBo XX 71 + 76 + KBo XXIII 99 + KBo XXIV 87 Rs 14';]-*di-il-l*[*a* KUB XXXIV 124 Rs! 1';]-*ti-la* KUB LIX 2 III 17

Vgl. → **Arina**. S. auch → **Kulila**.
¶ M. Forlanini, SMEA 22 (1980), S. 79.

Matunaša

¶ J. Freu, *Luwiya* (1980), S. 284f.; G. Frantz-Szabó, RlA 7 (1987-1990), 194; RGTC 4 (1991), S. 81.

Mawa

hur. ^{URU}*ma-a-wa-hi* KUB XLV 41 III 1'

«Ištar von M.», Opferliste für hurrische Gottheiten.

Mazawanta

¶ M. Forlanini, SMEA 18 (1977), S. 215ff. («nella catena che si estende dall'Ulu Dağ di Bursa fino a nord del Porsuk»).

MI → GE$_6$

Mila*

Nom. ^{URU}*mi-la-aš* StBoTB 1 I 51

Ortsbestimmung: Grenzstadt zwischen → **Ušawala** und dem **Hulaja**-Flußland.

Milawa(n)ta

¶ J. Freu, *Luwiya* (1980), S. 306ff. (Miletos); M. Forlanini, ASVOA 4.3 (1986) Tav. XVI 7) m.K.; M. Forlanini, VO 7 (1988), S. 162ff. (die Milyas).

Mililija

Vgl. → **Arina**.
¶ M. Forlanini, SMEA 22 (1980), S. 75.

Mira

Stf.   KUR ^{URU}me-ra-a StBoTB 1 IV 36
       KUR me-ra-a KUB XLIX 15, 8', 10', 11', 15'
       KUR me-ra+a KUB XLIX 96 Vs 8
       KUR me-ra KUB L 26 II$^?$ 9'
       KUR mi-ra+a KUB XLIX 96 Vs 4, 9
br.   ]^{URU}mi-ra[KUB XLIX 70 Rs$^?$ 17'; ^{URU}mi-r[a KUB LII 38 I 6'

¶ M. Forlanini, SMEA 18 (1977), S. 215; J. Freu, *Luwiya* (1980), S. 271, 281ff.; M. Forlanini, ASVOA 4.3 (1986) Tav. XVI 7) r.K. (um Afyon Karahisar; = Meiros/Malatça).

Mišturaha

Stf. ^{URU}mi-iš-tu-ú-ra-ha KBo XXV 112 II 16'
       ^{URU}mi-iš-tu-ur-ha KUB LVII 84 III 9', IV 8'
       ^{URU}mi-iš-tu-úr-ha KUB LVII 84 III 11'
       -i]š-tu-u-ur-ha VBoT 130, 4', 5'
       ^{URU}mi-eš-tu-ru-uh KUB LII 102+IBoT II 9 II 4'; KUB LII 103, 4'(br.)
br. ^{URU}m[i- KUB XXVIII 75 II 25

Ortsbestimmung: Im Lande → **Zalpuwa** auf den Weg nach das Land → **Taruka**. KUB LVII 84 III 5'-15' (M. Forlanini, ZA 74 [1984] 257f.): «Die Leute von Tatima nehmen (die Opfertiere) und, während sie die *halputi*-polieren, schlachten sie auch jene (darauf), dann fahren sie nach M. Die Leute von M. ergreifen drei Mädchen [in der Stadt ...$^?$ und die ...] nehmen sie; die Leute von Zihnuwa gehen in das Land Taruka», s. weiter → **Hilaluha**. KBo XXV 112 II 16'-17': «Wenn der "Sohn" nach M. fährt, wenn er Karikuriška erreicht». Wettergott von M. verehrt beim Herbstfest in Zalpa KUB LII 102+IBoT II 9 Vs II 4', vgl. M. Forlanini, a.a.O. 254 (und S. de Martino – H. Otten, ZA 74 [1984] 301). Wohl identisch mit → **Maštura**, vgl. OA 28 (1989) 164f.

Mitani

Stf. ^{URU}mi-it-ta-an-ni KBo XXVI 88 I 4'
akk.   KUR ^{URU}mi-it-ta-an-ni KBo XXVIII 71 Vs 11', 13'(br.); KBo XXVIII 113 Vs$^?$ 2', 4', 10', 17'(br.); KBo XXXIV 90, 16'(br.)
br.   -t]a-an-ni KBo XXVIII 120, 9'

Mizamizana*

Zu streichen KBo XXVIII 110 Z. 5', 6' angeführt von H.M. Kümmel, KBo XXVIII S. XVII (dort zu lesen *um-te-'e-er*]-*an-ni* bzw. KUR ^{URU}*ki--iz-zu-wa-a*]*t-ni-ma*).
¶ RGTC 5 (1982), S. 197.

Mizamizana*

Stf. ^{URU}*mi-za-mi-za-na* KUB XLII 28 + III 8'

Mizri

Stf. KUR ^{URU}*mi-iz-ri-i* KUB LII 67 II 1', 6'
$^{UR]U}$*mi-iz-ri* KUB LVI 22, 4'

akk. KUR ^{URU}*mi-iz-ri* KBo XXVIII 69, 12'
KUR *mi-iz-ri-i* KBo XXVIII 3 Vs 1; KBo XXVIII 4 Vs 26, 32; KBo XXVIII 14 Vs 2, 3(br.), 7; KBo XXVIII 16, 14'; KBo XXVIII 18, 4'(br.); KBo XXVIII 19 Rs 7'; KBo XXVIII 23, 1, 2, 4, 41, 47; KBo XXVIII 30, 3; KBo XXVIII 33, 2', 6'(br.); KBo XXVIII 44 Vs 4; KBo XXVIII 47 Vs 2, 6, 12(br.); KBo XXVIII 49 Vs 2; KBo XXVIII 50 Vs 2(br.), 7; KBo I 25 + KUB III 11 + KUB XLVIII 73 Vs 19(br.), 22
KUR *mi-iz-ri* KBo XXVIII 42 Vs? 5'

br. *m*]*i-iz-ri-i* KBo XXVIII 1 Vs 9'; KUR *mi-iz-ri*[KBo XXVIII 68 Rs 8'; KUR *mi-i*[*z-* KBo XXVIII 6 Vs 10'; KBo XXVIII 48 Vs 13; KBo XXVIII 54 Vs 15; KUR *mi-*[KBo XXVIII 26, 14'; KBo XXVIII 42 Vs? 1'; KBo XXVIII 68 Rs 13'; KUR ^{URU}*m*[*i-* KBo XXXVI 103, 6';]*-iz-ri-i* KBo XXVIII 39 Vs 2'; KBo XXVIII 45 Vs 4;]*-ri-i* KBo XXVIII 22, 6'; KBo XXVIII 26, 8'; KUB III 119 + KUB XLVIII 71 Vs 11'

Mukiš

Stf. ^{URU}*mu-ki-iš* KUB XLV 21 Rd 4
^{URU}*mu-kiš* KUB LII 107 + Rd 1; KUB LIX 71 I 1; KUB LIX 72 I 1(br.)

akk. KUR $^{*URU!*}$*mu-kiš-hi* KBo XXVIII 111 + 112 + KUB III 1b + c Vs 15'
KUR *mu-kiš* KUB III 119 + KUB XLVIII 71 Vs 12'

¶ E. Laroche, RHA 35 (1977), S. 172; H. Otten, RlA 5 (1976-1980), S. 477 (unv. 1048/u, 4: ^{URU}*mu-ki-ša*).

Mun[

br. ^{URU}*mu-un-x*[KUB LIX 6 IV 8′

Munanta*

Gen. ^{URU}*mu-u-na-an-ta-aš* StBoTB 1 I 78

«Schreiber der Magazine» von Takanunta und M., den Göttern von → **Tarhuntaša** überlassen, vgl. H. Otten, StBoTB 1 (1988) 40.

Munapta

Stf. ^{URU}*mu-un-na-ap-ta* KBo XXXII 184 Vs 8′

Landschenkungsurkunde des Zidanza, vgl. → **Katitimiša**.

Mura*

Stf. ^{URU}*mu-ra* HKM 99, 5
       ^{URU}*mu$^?$-ú$^{??}$-ra* HKM 103, 1

«Hašamili, Mann von M.» HKM 99, 5; HKM 103, 1 (wenn richtig gelesen): «[x] Arbeiter von M. x *parisu* x *sūtu* (Gerste ihre Ration). x-iaratiwa der Vorsteher».

Murišta*

Stf. $^{HUR.SAG}$*mu-ri-iš-ta* KUB LIV 60 Vs 3′(br.), 5′, 11′(br.), 15′(br.)

Göttlicher Berg (br. Festritual)

Murtini*

hur.   *mu-úr-ti-e-ni* HUR.SAG KUB XLVII 79 Rs 2′

Nach M. Salvini Hrsg.; in hurr. Kontext.

Mušunipa

Stf. ^{URU}mu-*šu-ni-pa* KUB LVI 31 IV? 20'

Gelübde der Königin (Puduheba) an (u.a.) die Ištar-Göttinnen von →
Halap, M., **Tupa** und die «Ištar-Göttinnen vom hurrischen Land», vgl. I.
Wegner, AOAT 36 (1981) 187.

Mutamutaša

¶ J. Freu, *Luwiya* (1980), S. 311f.

N

Na[

br.   ^{URU}*na-x*[KUB LIX 6 IV 2'

Nahanta*

Nom. ^{URU}*na-ah-ha-an-ta-aš* StBoTB 1 I 22, 27

Ortsbestimmung: Grenzstadt zwischen → **Pitaša** und dem **Hulaja**-Fluß-
land. Vs I 22-28: «Vom Lande Pitaša aus war ihm früher N. die Grenze.
Mein Vater verkleinerte ihm die Grenze: in der Tafel des Vertrages meines
Vaters wurden die unterirdischen Fließwasser von Arimata die Grenze.
Jetzt aber habe ich, Meine Majestät, die frühere Grenze wieder festgelegt:
vom Lande Pitaša aus, von der Grenze von Arimata, (sind) N. und
Hautaša die Grenze; N. und Hautaša aber gehören dem Hulaja-Fluß-
land», vgl. H. Otten, StBoTB 1 (1988) 33.

Nahita

br.   [KU]R ^{URU}*na-a-hi-*[KBo XXXIV 91, 7'

¶ M. Forlanini, VO 7 (1988), S. 159 (Nagidos östlich von Anamur).

Nanni

Stf.   ^{HUR.SAG}*na-an-ni* KBo XXVII 199, 10'(br.)
     na-an-ni KUB XLVI 47 Vs 11'

hur. *n]a-a-am-ni* KBo XXXIII 84 Vs 2'
     na-am-ni KBo XXXIII 136 r.Kol. 6'
     nam-ni-iš KBo XXVII 117 Rs 9'
     na-an-ni-ta KBo XXV 190 + KBo XXXIII 107 Vs 10'; KBo XXVII
       160, 8'(br.)
     nam-ni-ra-am KUB XLVII 78 I 3'

Napri*

br.   *n]a-an-ni* KUB XLVIII 84 I$^?$ 8′

Zu ^{d}N. vgl. E. Laroche, Heth 5 (1983), S. 49 Anm. 4.
¶ E. Laroche, RHA 35 (1977), S. 178.

Naplani → **Lablana**

Napri*

hur. $^{HUR.SAG}$*na-ap-ri-i* KBo XX 129 + KBo XXIII 6 + KBo XXVII 100 +
KUB XXXII 29 + ABoT 39 + FHG 20 I 54

Napriki*

hur.   *na-ap-ri-ki-ni-en* HUR.SAG-*n*[*i-en*] KBo XXVII 176, 11′

Nach V. Haas – H. Wegner, ChS I/5 I S. 419, II S. 285.

Narapituwa*

Stf. ^{URU}*na-ra-pí-du-wa* HKM 111, 6

«Hatipaziti, Mann von N.».

Nata*

Gen. ^{URU}*na-a-ta-aš* StBoTB 1 I 55
Abl. ^{URU}*na-ta-az* KUB LV 60 III$^?$ 15′

Zur Lesung in KUB LV 60 vgl. S. Košak, ZA 76 (1986) 131.

Ortsbestimmung: Grenzstadt zwischen → **Hawalija** und dem **Hulaja**-Fluß-
land. Kultlieferungen (1 Rind, 2 Schafe) aus N. für das Frühlingsfest der
Zahpuna in Nerik KUB LV 60 Rs III // Bo 3315 Vs (= V. Haas, Nerik
[1970] 277a-b; zu derselben Textgruppe gehören noch KUB LVI 54, KUB
LVIII 31 und unv. 1429/u = V. Haas, a.a.O. 311).

Nawa[

br. ^{URU}*na-wa-x*[KUB LIX 6 IV 7′

Nawari*

hur.   *na-wa*_a*-ri* KBo XX 126 + KUB XXXII 25 + FHG 21 I 11 = ^{URU}[
KBo XX 129 + KBo XXIII 6 + KBo XXVII 100 + KUB XXXII
29 + ABoT 39 + FHG 20 I 51

¶ E. Laroche, RHA 35 (1977), S. 180.

Nihirija

hur. ^{URU}*ni-ih-ri-ia-w*[*e*_e KUB XLV 41 II 18'

Šauška von N., vgl. I. Wegner, AOAT 36 (1981) 187.
¶ RGTC 9 (1981), S. 60f.; RGTC 5 (1982), S. 205f.; I. Singer, ZA 75
(1985), S. 105f. (N oder NÖ Diyarbakır); B.J. Beitzel (1992), S. 53f.; M.
Liverani, QGS 4 (1992), 85 s.v. Amedu mit Anm. 419 S. 86; RGTC 4
(1991), S. 88.

Nija

Stf. ^{URU}*ne-e* KUB XLVI 47 Rs 15(br.); KUB LIV 84, 9'
akk. ^{URU}*ne-ia* KBo XXVIII 111 + 112 + KUB III 1b + c Vs 16'
KUR *ni-*[KBo XXVIII 140 Vs 4'
br. ^{URU}*ni-i*[(-) KBo XXXIII 67, 3' hierher?

Nilapšini

¶ K. Kessler, *Untersuchungen* (1980), S. 89; K. Kessler, SMEA 24 (1984),
S. 21-31.

Ninainta

Nom. ^{URU}*ni-na-in-ta-aš* StBoTB 1 I 44

Ninaša

Stf. ^{URU}*ne-na-aš-ša* KUB XLVIII 105 + KBo XII 53 Vs 29'
br.   *-n*]*a*$^!$*-aš-ša* KUB LV 5 I 18' (= KUB X 48 + II 7); *-n*]*a-aš-ša* KUB
LIX 2 I 2' (= KUB X 48 + II 7)
Abk. ^{URU}*ni-na-aš* KUB LVII 120 Vs 6

Ninišankuwa

Ortsbestimmung: In KUB XLVIII 105 + KBo XII 53 dem Lande → **Turmita** zugeordnet (I 29'-30': «In N. hat Seine Majestät folgendes bestimmt: 140 Deportierte, von früher her der Gottheit gehörig; der König vom Lande Tumana liefert 24 Rinder (und) 200 Schafe»). Zu KUB LVII 120 vgl. → **Kilišra**.

¶ M. Forlanini, SM 1 (1979), S. 174f. (Ağıllı etwa 3 Km westlich von Karapınar/Topada); A. Archi - H. Klengel, AoF 7 (1980) 154f.; RGTC 4 (1991), S. 89; M. Forlanini, Fs Alp (1992), S. 179.

Ninišankuwa

Stf. ^{URU}*ni-ni-ša-an-ku*-[HKM 71, 19

HKM 71, 16-20 (Brief eines Beamten an Kaššu): «Wenn du mir die Söldner von Karahna, die Söldner von Išhupita (und) die Söldner vom Berg Šaktunuwa nach N. nicht bringst».

Ninuwa

Abl. ^{URU}*ne-nu-wa-za* KBo XXVI 64 + KUB XXVI 12 + II 6'
       ^{URU}*ni-nu-wa-az* KBo XXVI 83, 9'

Gen. ^{URU}*ni-nu-wa-aš* KBo XXVI 105 IV$^?$ 21'

Stf. ^{URU}*ni-i-nu-wa* KBo XXXIII 212 Vs 5'; KUB L 1 III 5'
       ^{URU}*ni-nu-wa* KBo XXIII 23 + KBo XXXIII 118 Vs 49'; KBo XXVI
          94 III 10'; KUB XLV 43 II$^?$ 5'(br.); KUB XLIX 40, 6'; KUB XLIX
          102 Vs 5', 8'; StBoTB 1 III 91
       ^{URU}*ne-nu-wa* KBo XXIV 69 III$^?$ 3'; KBo XXVI 167 II 5'; KUB XLV
          42 Vs l.Kol. 11'; KUB LVII 106 II 19, 36, 40(br.)

akk. ^{URU}*ni-nu-w*[*a* KBo XXVIII 145, 7

hur. *ne-nu-wa-ar* KBo XXXIII 201 Vs$^?$ III 13'; KUB XLV 53 Vs III 11'
       ar-te ni-nu-wa^{KI} KBo XXVII 111, 5'
       ^{URU}*ni-nu-wa-a-we*$_e$ KBo XXVII 217 Rs 17'
       ^{URU}*ni-nu-wa-wa*$_a$ KUB XLV 62 + KBo XII 80 Rs IV$^?$ 8', 10'; KUB
          XLVII 17, 3'(br.); KUB XLVII 61 I 4'(br.)
       ]*ni-i-nu-we*$_e$ KBo XXVII 217 Vs I 35'
       ^{URU}*ni-nu-wa*$_a$-*pí* KUB XLV 78 Vs II$^?$ 12'
       n]*e-nu-wa-pí* KUB XLVII 13, 9'
       ^{URU}*ni-nu-wa-pa-am* KBo XXXII 206 r.Kol. 10'
       ^{URU}*ne-nu-an* KBo XXVII 132, 3'

^{URU}*ne-nu-wa-hi* KUB XLV 66, 12'; KUB XLV 68 Vs 7(br.)
^{URU}*ni-nu-wa-hi-ni-wi*ᵢ KBo XXVII 182, 4'(br.); KBo XXXIII 167 Rs
IV 5'(br.)
^{URU}*ni-nu-wa-hi-ni-eš-ša* KUB XLV 60 II 12', 13'
^{URU}*ni-nu-wa-hé-na-a-ša* KUB XXVII 42 I 11
ni-i-nu-a-ah-e-bi?-[KBo VIII 145 Vs? 4'
ni-i-nu-pa-ap-hi KBo XXXII 11 I 10
^{UR}]^U*ne-ni-wi*ᵢ-*e*[KBo XXXII 70, 1'

br.   ^{URU}*ne-n*[*u-* HFAC 12 I 1 (zur Lesung vgl. H.A. Hoffner, Fs H. Otten
[1988] 144 mit Anm. 10; möglich auch ^{URU}*ne-r*[*i-*); ^{URU}*n*[*e-* KBo
XXIV 70 I 12' (nach Hrsg. S. XII eher zu Nerik zu ergänzen);
KBo XXVI 62, 5'; ^{URU}*ni-i-*[KBo XXXIII 67 r.Kol. 3' (hur.);
^{URU}*n*[*i-* KBo XXIV 69 III? 9'; *-n*]*a* KBo XXIII 23 + KBo XXXIII
118 Vs 14' (hur.)

¶ E. Laroche, RHA 35 (1977), S. 184; RGTC 5 (1982), S. 206ff.; RGTC
4 (1991), S. 89.

Niplani → Laplana

Nippur

sum.   EN.LÍL.KI KBo XXVI 1 + KUB III 118 VI? 3' (Vokabularfragment)

¶ = Nuffar, vgl. RGTC 2 (1974), S, 140ff.; RGTC 3 (1980), S. 179; RGTC
5 (1982), S. 208ff.; RGTC 4 (1991), S. 90.

Nira

hur.   ^{URU}*ni-e-ra-ni-we*ₑ KUB XLV 41 III 4'

Šauška von N. (Opferliste für hurrische Gottheiten). Nach I. Wegner,
AOAT 36 (1981) 187 identisch mit der gleichnamigen Stadt bei Nerik
(RGTC 6 S. 286).

Nerik

Akk.   ^{URU}*ne-ri-ik-ka-an* KBo XX 23 Vs 2
^{URU}*ne-ri-ik-an* KBo XXIII 116 III? 4'
n]*e-ri-ik-ka-an* KUB LIII 18 VI¹ 2

113

Nerik

-r]i-iq-qa-an KUB XLIX 24 Rs 8'

Dat. URU*ne-ri-ik-ki* KBo XXX 37 IV 1'; KUB LIII 21 Vs 7'; KUB LVIII 11 Rs 11'; KUB LVIII 33 III 7'(br.), 8'(br.), 10'(br.), 24'

Gen. URU*ne-ri-qa-aš* KUB LVII 112 Rs 1

Stf. KUR.KUR^MEŠ URU*ne-ri-ik*[KUB L 62, 1'

KUR *ne-ri-ik* KBo XXII 264 I 15'

URU*ne-ra-ak* KUB LV 6 III 3'

URU*ne-ri-ig-ga* KBo XXX 74 Rs 14''; KUB XLVI 4 I 24'; KUB LV 39 IV 7', 22'

URU*ne-ri-iq-qa* KBo XXIII 116 III? 8'; KUB XLVIII 119 Vs? 6', 7'; KUB XLIX 1 I? 14, IV 20'; KUB XLIX 24 Rs 14'; KUB XLIX 26 II? 2'; KUB XLIX 47, 2'; KUB XLIX 49 II 15'; KUB XLIX 82 II? 1'; KUB XXII 25 + KUB L 55 Rs 7; KUB LII 37 Rs? 2'; KUB LII 53 II 1'; KUB LII 79 III 2', 5'; KUB LIII 16 VI 6' (= KUB XX 10 III 1 = unv. Bo 69/351, 1', H. Otten, StBoT 15 [1971] 50); KUB LIII 21 Rs 5'(br.), 6'(br.), 8'; KUB LVI 14 IV 11; KUB LVI 48 I 24, 26; KUB LVI 54 Rs 6', 18', 28'; KUB LVII 106 II 11, 17, 34, 42; KUB LVIII 11 Vs 12, 15, Rs 7'; KUB LIX 32, 7; HFAC 49, 5'

URU*ne-ri-qa* KUB XLVI 37 Vs 37', Rs 6

URU*ne-ri-ik* KBo XXIII 76 II 3'; KBo XXIII 89, 16'; KBo XXIII 95 Rs 12'; KBo XXIII 110 Rs 10'; KBo XXVI 169, 4'(br.); KBo XXX 82 VI 3'; KBo XXXIV 14 III 6'(br.); KBo XXXIV 213 I 20''(br.); KUB XLVI 1 III^! 9'; KUB XLVI 54 Vs 10; KUB XLVIII 13 Rs 6'; KUB XLVIII 88 Vs 5(br.); KUB XLVIII 119 Vs? 14', Rs? 13; KUB XLIX 1 IV? 9'; KUB XLIX 39 II 9'; KUB XLIX 71, 5', 8'; KUB XLIX 88 II 6; KUB XLIX 98 III? 6'; KUB L 31 I 11'; KUB L 65, 1'(br.); KUB LII 5 IV 7'; KUB LII 14 II 20'; KUB LII 72 Vs 5; KUB LIII 13 III 13', 17', 31', 37'; KUB LIII 21 Rs 10'; KUB LIV 64 Vs 3', 13', 20'; KUB LV 1 I 10'; KUB LV 54 I 29'; KUB LVI 14 IV 6, 9, 12, 13; KUB LVI 32 II 4', 14', III 19; KUB LVI 47 III? 15'; KUB LVI 48 I 11 u. *passim*; KUB LVI 49 Vs 13' u. *passim*; KUB LVIII 19 Rs 2', 6'; KUB LVIII 41 II? 8'; KUB LIX 12 IV 4'; KUB LIX 29 II 20', III 5', 11'; HT 19 + FHL 177, 4'; IBoT IV 95, 7'; IBoT IV 224, 2'(br.); StBoTB 1 III 84

URU*ni-ri-iq-qa* KUB LIV 64 Rs 1

URU*n[i?]-ri-ik* KUB LVII 68 Rs 9'

hat.]-*ri-iq-qa* KUB XLVIII 37 Vs? 8'

br.   *n]e-ri-ik-ka* KBo XX 23 Rs 8'; KUR ^{URU}*ne-ri-i[k* KUB XLIX 25 IV
        5'; ^{URU}*ne-r[i-* KBo XX 23 Vs 1, Rs 2'; KBo XXVII 4, 3'; KBo
        XXX 74 Rs 19''; KUB XLIX 95 IV 3'; KUB LII 25 II 12; KUB
        LVIII 58 Vs 1; ^{URU}*ne-ri-i[k* KUB LII 33 IV 21'; KUB LII 56, 4';
        ^{URU}*ne-ri-[* KUB LII 43 IV 11; KUB LX 99 II 8'; ^{URU}*n[e-* KBo
        XXVI 179, 5'; KUB XLIX 77 III 5' (nach A. Archi Hrsg.); KUB
        LIII 44 IV 4'; KUB LVI 16 Rs 4'; KUB LVII 16, 12' (// unv. Bo
        2906, 18', vgl. S. Košak, ZA 78 [1988] 310); KUB LVII 58, 3', 9';
        KUB LVII 106 II 4; KUB LVII 109, 6'(?); KUB LX 148 VI 11';
        IBoT IV 323, 6'; *-r]i-ik* KBo XXVII 17, 5'
Abk.   ^{URU}*ne-ri* KUB XLIX 1 I? 17

Vgl. ^D*ne-(e-)ra-a-ak* (Belege bei E. Neu, StBoT 25 [1980] 132[438]).

Ortsbestimmung: Um Vezirköprü.
¶ S. Alp, Belleten 164 (1979) b, S. 652 = Fs Edel (1979), S. 16 (um
Tosya); M. Forlanini, SMEA 18 (1977), S. 200f. («Hüyük Tepe presso
Oymaağaç»); J.G. Macqueen, AnSt 30 (1980), S. 179ff. (Havza); J. Yakar,
MDOG 112 (1980), S. 84; M. Forlanini, ASVOA 4.3 (1986) Tav. XVI 2)
m.K. (Hüyük Tepe bei Oymaağaç).

Nirinikataši*

br.   ^{URU}*n[e-r]i-ni-ga-at-t[a-* KUB XLIX 24 Rs 6'
        -i]g-ga-at-ta-ši-x[KUB XLIX 24 Rs 19'

Ortsbestimmung: In der weiteren Umgebung → von **Nerik** (br. Orakelanfrage über den Wiederaufbau dieser Stadt).

Neša

Akk.   ^{URU}*ne-ša-an* KUB LVIII 105 II? 5'
Eth.   *ne-šu-me-ni-eš* KBo XXX 80 Vs? 3'
br.   ^{URU}*ne-e-[* KUB LIX 41 III 5' hierher? (vgl. KUB LVIII 105)

¶ RGTC 4 (1991), S. 87f.

Niwama*

hur.   ^{URU}*ni-wa_a-ma-a-an* KUB XLVII 6 III 6
        ^{URU}*ni-wa_a-ma-an* KUB XLVII 6 III 4', 8'(br.)

Nuhajana

Nuhajana

¶ M. Astour (1992), S. 11ff.

Nuhaši

akk. *-h]aš$^?$-š[i$^?$* KBo XXVIII 111 + 112 + KUB III 1b + c Vs 23'

hur. ^{URU}*nu-u-ha-aš-še-ni* KBo XXXII 11 I 9

¶ J.D. Hawkins, RlA 7 (1987-1990), 159ff. s.v. **Luhuti**; M. Liverani, QGS 4 (1992), 77 s.v. **Luhutu**, 110.

O

Oberes Land

KUR $^{U]RU}$ UGU KUB L 104, 11'
KUR UGU^{TIM} HKM 42, 8'; HKM 96, 17', 21'
KUR UGU KUB LII 86, 12'; HKM 18, 18; 71, 26; 96, 4'; 106, 3

¶ M. Forlanini, ASVOA 4.3 (1986) Tav. XVI 3) l.K.

P

Pahašunuwa

Akk. ^{KUR}*pa-ha-šu-nu-wa-an* KUB LVII 102 IV? 5'

Stf. ^{HUR.SAG}*pa-ah-ha-aš-šu-nu-wa* KUB LVIII 71 Vs 5', 7', 9', 22'
^{HUR.SAG}*pa-ha-šu-nu-wa* KUB LVII 102 IV? 22'(br.)
^{KUR}*pa-ha-šu-nu-wa* KUB LVII 102 IV 15', 23'

br. ^{KUR}*pa-ha*-[KUB LI 33 I 17'

Festbeschreibungen für den (göttlichen) Berg P., teilweise auf dem Berg selbst. → **Hašuna**.

Pahuwa

¶ M. Forlanini, ASVOA 4.3 (1986) Tav. XVI 3) m.K.

Pakaripa

¶ K. Kessler, *Untersuchungen* (1980), S. 89

Pala

Stf. ^{URU}*pa-la-a* KBo XXV 163 V 11'; KBo XXVII 23, 7'; KUB XLVI 69 II 6'

Adv. ^{URU}*pa-la-um-ni-li* KUB LIX 49 II 12'

«Stadttor nach P.» KBo XXV 163 V 11' (Bruchstück eines Festrituals).
¶ M. Forlanini, SMEA 18 (1977), S. 206 («il bacino di Karabuk»); M. Forlanini, ASVOA 4.3 (1986) Tav. XVI 5) l. und r. K.

Palapalaša

Vgl. → **Arina**.
¶ M. Forlanini, SMEA 22 (1980), S. 75f.

Palhanta*

Stf.　^{URU}*pal-ha-an-t*[*a* KUB LII 43 I 6′

Z. 7′ wird → **Pišhuru** erwähnt (br. Orakelanfrage).

Palhišna*

Abl.　^{URU}*pal-hi-iš-na-za* HKM 48, 16
br.　　^{URU}*pal-*[HKM 48, 28

Palhuiša

br.　　^{UR}]^{U?}*pal-hu-iš-ša*[KUB XLVIII 80 IV 2

Der Bruchstück nennt Vs I 2′ Pijamaradu, vgl. H.G. Güterbock, ZA 43 (1936) 326f.
¶ M. Forlanini, SM 1 (1979), S. 183 (bei Maşat).

Palija

hur.　^D*pa-li-ia-ni-w*[*e*ₑ KUB XLV 41 II 17′
　　　]*-li-ia-ni-pí* KBo XXII 162 Rs 5′

«Ištar von P.» (Opferliste für hurrische Gottheiten).
¶ I. Wegner, AOAT 36 (1981) 189 (in der Gegend von → **Takarama**/Gürün).

Palkunta

¶ M. Forlanini, Fs Alp (1992), S. 175 (in der unmittelbaren Gegend von → **Kaniš**).

Palmata*

Nom.　^{URU}*pa-al-ma-ta-aš* StBoTB 1 I 51

Ortsbestimmung: Grenzstadt zwischen → **Ušaula** und dem **Hulaja**-Flußland.

Palunta

br.　　^{URU}*pa-lu-u*[*n*[?]- KUB LIX 6 IV 11′ (hierher?)

Panata*

Panata*

Stf. ^{URU}*pa-na-a-ta* HKM 26, 6; HKM 66, 33
^{URU}*pa-na-da* HKM 47, 8

Pantarwanta*

Akk. ^{URU}*pa-an-tar-wa-an-ta-an* StBoTB 1 II 9

Ortsbestimmung: Im Lande → **Tarhuntaša**, → **Šarmana**.

Papanha

Stf. KUR ^{URU}*pa-pa-an-ha* KUB XLIX 25 IV 2′; KUB LII 85 II 12′, III 6′

KUR XLIX 25 IV 1′-5′ (br. Orakelanfrage): «Wenn der König von Karkamiš [...] den Weg/den Feldzug nach/gegen P. zurück [...] der Oberste der Leibgarde wird gehen und [...] schlagen; er wird zurückkommen [...?] und vom Land Nerik [...]».
¶ RGTC 9 (1981), S. 16; RGTC 5 (1982), S. 190f.; M. Astour (1992), S. 12.

Babili (Babylon) → Karduniaš

Para*

Gen. ^{URU}*pa-ra-a-aš* StBoTB 1 I 77

Ortsbestimmung: Im Lande → **Tarhuntaša**. «Zelt-Leute» von → **Matarwanta** und P., den Göttern von Tarhuntaša überlassen, vgl. H. Otten, StBoTB 1 (1988) 40.

Para[

br. ^{URU}*pa-ra-x*[KUB LIX 6 IV 14′

Parajaša*

Nom. ^{URU}*pa-ra-i-ia-aš-ša-aš* StBoTB 1 I 54

Ortsbestimmung: Grenzstadt zwischen → **Hawalija** und dem **Hulaja**-Flußland. Vgl. → **Parijaša**.

Para(h)ši

¶ RGTC 5 (1982), S. 184; P. Steinkeller, ZA 72 (1982), S. 237ff., 258 Anm. 84.

Parha

Akk.   KUR ^{URU}*pár-ha-an* StBoTB 1 I 63
       ^{URU}*pár-ha-an* KBo IX 99, 1'
Stf. ^{URU}*pár-ha-a* StBoTB 1 I 61

Ortsbestimmung: Grenzstadt zum Land → **Tarhuntaša**. StBoTB 1 I 60-64: «Vom Gebiet von Šarantuwa aus aber (ist) ihm das Meer die Grenze; vom Gebiet von P. aus aber (ist) ihm der Fluß Kaštaraja die Grenze. Wenn der König von Hattuša gegen dieses (Gebiet) hinauf zu Felde zieht und auch das Land von P. mit der Waffe erobert, so wird auch jene (Stadt) dem König von Tarhuntaša gehören». In KBo IX 99 (vgl. RGTC 6 S. 303 unter → **Parhanta**; zur Lesung s. H. Otten, StBoTB 1 [1988] 39) neben → **Šinuwanta**, in KUB XXI 6a Vs.? (RGTC 6 S. 302) neben → **Hawalija** und den «Ländern von **Luka**» erwähnt.
¶ H. Otten, StBoTB 1 (1988) 37f. (= gr. Perge am → **Kaštaraja**/Kestros/Aksu?, an der Grenze zwischen Pisidien und Pamphylien).

[Parhanta]

Zu streichen, → **Parha**

Parijaša*

Nom. ^{URU}*pa-ri-ia-aš-ša-aš* StBoTB 1 I 74

Ortsbestimmung: Im Lande → **Tarhuntaša**. Vgl. → **Parajaša**.

Parkus HUR.SAG → Hoher Berg

Parmana

Gen. ^{URU}*pár-ma-an-na-aš* KBo XXXII 184 Rs 2'

«10 iku Feld [rechts der Weg] nach P.» (Landschenkungsurkunde des Zidanza).

Parmina[

Parmina[

br.   URU*pár-mi-n*[*a-* KUB XLIV 4 I 13'

Parminaša

¶ J. Freu, *Luwiya* (1980), 241f.

Parminija

¶ M. Forlanini, VO 7 (1988), S. 152.

Parša

Stf.   URU*pár-ša* StBoTB 1 III 50

«Gottheit von P.» als Besitzer von Ortschaften, → **Hurnija**.

Paršananhila

¶ M. Forlanini, SMEA 18 (1977), S. 209ff.; M. Forlanini, SMEA 22 (1980), S. 74ff. (N Kırşehir); M. Forlanini, ASVOA 4.3 (1986) Tav. XVI 2) m.K. (südlich von Hattuša).

Partahuina

¶ M. Forlanini, SMEA 18 (1977), S. 219f.

Partaparša

Stf.   URU*pár-ta-pár-ša*$^?$ KUB XLVIII 119 Vs$^?$ 13'

Lesung nach OA 17 (1978) 180; H. Klengel Hrsg. liest Partaparta.

Partuwata

Stf.   URU*pár-du-wa-t*[*a* KUB LIX 34 II 5'

¶ M. Forlanini, SMEA 18 (1977), S. 215ff. (um Mahmudiye); J. Freu, *Luwiya* (1980), S. 243 (zwischen dem Konya Ovası und dem Melendiz Çay).

Paštuwatuwa*

Stf. ^{URU}*pa-aš-du-u-wa-du-u-wa* HKM 66, 33

Pada*

Stf. ^{URU}*pà-da* 2BoTU 6 III 24'

Das Lemma Patama RGTC 6 S. 311 ist zu streichen.
¶ RGTC 3 (1980), S. 183.

Paddanijaša → Pitanijaša

Patuwanta

¶ J. Freu, *Luwiya* (1980), S. 247 (Pozantı); M. Forlanini, ASVOA 4.3 (1986) Tav. XVI 4) r.K.

Pawazija

¶ M. Forlanini, VO 7 (1988), S. 151.

Pikauza

Dat. ^{URU}*pí-iq-qa-*[KUB XXII 25 + KUB L 55 Rs 6

Ortsbestimmung: a.a.O. Rs 1-7: «[Von Hanhana aus nach ON hinein]; er übernachtet in Pikanunuša. [Nach ON hinein, weiterhin] nach Pitakalaša; [ob er aber] Pitakalaša [angreifen wird], oder ob er es in Frieden nehmen wird, [das] sei [in der Frage nicht mit] berücksichtigt. Er wird im befestigten Lager [des Vaters Seiner Majestät übernachten]. Am nächsten Morgen aber [wird er] Šunupaši [und] Pitalahši [niederbrennen], auf dem Rückzug aber wird er im befestigten Lager [des Vaters Seiner Majestät] übernachten. Nach P. hinein, dann schwenkt er um; nach Ištahara hinein, nach Nerik [hinein]». Nach A. Archi Hrsg., S. X, wäre es eher Piqqa[nunušša] zu ergänzen, vgl. aber das «befestigte Lager Seiner Majestät» in der Nähe von P. ebd. Vs 37'-38' (RGTC 6 S. 313), Rs 14, 25 (RGTC 6 S. 150).

Pina

Pina

¶ J. Freu, *Luwiya* (1980), S. 319 (Pinara in Lykien?); M. Poetto, *Yalburt* (1992), § 26ff. (hier. *pi-na-ta₅*(URU) = Pinara/Pinale in Lykien).

Pipišuwa*

Stf. ^{URU}*pí-pí-šu-wa(-wa-x*[) KUB LIV 1+552/u (= H. Otten, ZA 75 [1985] 143) I 37

Das zweite WA ist als Partikel der direkten Rede zu fassen. Die von E. Forrer vertretene Lesung in 2BoTU S. 135 Nr. 65, 1′ (= KUB XXXI 9) ^{URU}*pí-i-pí-šu-w*[*a* wird von A. Archi und H. Klengel, AoF 12 (1985) 62 nach Foto bestritten zugunsten von ^{URU}*pí-i-pí-ma-x*[(vgl. RGTC 6 S. 314 **Pipimawa**).

Pipita*

Stf. ^{URU}*pí-pí-ta* KBo XXV 190+KBo XXXIII 107 Rs 23; KUB XLV 29, 7′ (zur Lesung vgl. aber S. Košak, ZA 76 [1986] 132)
hur. ^{URU}*pí-pí-it-hi* KBo XXXIII 181 Vs 8′; KUB LI 73 Rs⁇ 15′
pí-pí-it-hi KBo XXXIII 215 Rs V 19′; KUB XLV 58+HT 92 Rs IV 19′

Pirhina*

hur. ^{URU}*pí-e-ir-hi-e-na* KUB XLVII 5 III 11′
ar-te-e-in pí-e-ri-[h]i-e-[KUB XLVII 5 IV 7
br. ^{URU}*pí-e-x*[KUB XXXVI 63 r.Kol. 8′ (vgl. M. Salvini, KUB XLVII S. V ad Nr. 5)

¶ E. Laroche, RHA 35 (1977), S. 200 (*s.v.* Peri).

Piša

¶ M. Forlanini, VO 7 (1988), S. 151

Pišaiša

Nom. ^{KUR}*pí-ša-i-ša-aš* KBo XXIII 113 III 13′, 14′, 16′
Akk. ^{KUR}*pí-š[a-i]-ša-an* KBo XXIII 113 III 15′

Stf.   HUR.SAG*pí-ša-i-ša* KBo XXVI 103, 2'

      KUR*pí-ša-i-ša* KBo XXIII 113 III 18', 19'(br.), 26', 27'

hur.   *pí-ša-i-ša-ap-hi* KBo XXVII 200, 6'(br.); KUB XXV 48 + KUB XLIV
        49 Rs! IV 18'; KUB XXXII 49 + KBo XXI 33 + KBo XXIII
        12 + KBo XXIV 66 I; KUB XLV 55 Vs 4'; KUB XLVII 13, 2'(br.)

      pí-i-ša-ša-ap-hi KUB XLV 3 + KUB XLVII 43 I 46

      pí-ša-ša-ap-hi KBo XXVII 173 + KUB XXXII 57 Rs 12; KBo XXXIII
        181 Vs 14'(br.); KUB XLV 21 Rs! 8, 18(br.)

      pí-ša-i-ša-ap-hi-[e]-eš-ša KUB XXVI 42 Vs 31

      pí-ša-a-iš-pa-a-ni-el KBo XX 129 + KBo XXIII 6 + KBo XXVII
        100 + KUB XXXII 29 + ABoT 39 + FHG 20 I 47

br.   *pí-ša-[* KUB XXXII 58 + KBo XXIII 34 + KBo XXIV 58 + KBo
        XXXIII 120 Vs 9'; KBo XXVII 199, 6'; *p[í-* KBo XXVII 117 Rs
        8'; KUB XXVII 42 Vs 10; *-a]p-hi* KBo XXIV 57 + KBo XXI
        28 + 29 + FHG 12 + KBo XXIII 46 + KBo XX 128 + KBo XXVII
        175 I 34

¶ E. Laroche, RHA 35 (1977), S. 202.

Pišat[

Stf.   URU PIŠ-*ša-at-x* KUB L 79 Vs? 10'

Pišatiniša*

Akk.   URU*pí-ša-te-ni-ti-iš-š[a?-an]* HKM 47, 3

Pišhapuwaiša

Stf.   *-h]a-pu-wa-iš-ša* KUB XLVIII 123 IV 15

¶ M. Forlanini, RIL 126 (1992). → **Manajara**.

Pišhuru

Nom.   ]*pí-iš-hu-ru-uš* KUB LII 43 I 7'

Vgl. → **Palhanta**.

Pišunupaši

Pišunupaši

Nom. ^{URU}*pí-šu-nu-pa-aš-ši-iš* KUB XLVIII 107 I 6 (schon zitiert RGTC 6
S. 317 als unv. Bo 2525)
Stf. ^{URU}*pí-iš-šu-nu-pa-aš-ši* HKM 58, 19

¶ M. Forlanini, RIL 126 (1992) (= → **Šunupaši**).

Pitakalaša

Akk.]-*ga-la-aš-ša-an* KUB XXII 25 + KUB L 55 Rs 3
Dat. ^{URU}*pí-it-tág-ga-la-aš-ša* KUB XXII 25 + KUB L 55 Rs 12

Vgl. → **Pikauza**.

Pitalahši

Akk. ^{URU}*pí-it-ta-la-ah-ši-in* KUB XXII 25 + KUB L 55 Vs 41'(br.), Rs
5(br.)

Pitalahšuwa*

Stf. ^{URU}*pí-it-ta-la-ah-šu-wa* HKM 51, 4
Abk. ^{URU}*pí-it-ta-la* HKM 51, 9

HKM 51, 1-11: «Folgendermaßen Kašturrahšeli: Tippurrui, der Mann von
P., hat den Feind von Kalzana hergebracht. Seine Majestät möge die
Ältesten von P., die vor Seiner Majestät, meinem Herrn, (sind), schützen».

Pitanijaša

Stf. ^{URU}PÍD-*da-ni-ia-ša* KUB XLVIII 105 + KBo XII 53 Vs 38'

Ortsbestimmung: Im Lande → **Turmita**, ebd. Vs 38'-41': «In P.: für den
Gott Pirwa hat Seine Majestät folgendes bestimmt: 1 Haus, [darin 10
Deportierte], Leute von Šarmanzana; 2 Häuser, darin 20 Deportierte,
taharili-Leute; [1] Haus, darin ‹10› Deportierte, Priester von früher her
(vorhanden): insgesamt 4 Häuser, darin 40 [Deportierte; x] Rinder, 20
Schafe liefert der König vom Land Tumana; 30 *parīsu* Saatgetreide leistet
der Dreschplatz».

Pitaša

Stf.   KUR ^{URU}*pí-ta-aš-ša* StBoTB 1 I 18, 21, 22, 26, III 49

br.   ^{URU}*pí-ta-a*[*š*- KBo XXVII 4, 9′

¶ M. Forlanini, ASVOA 4.3 (1986) Tav. XVI 6) r.K.; M. Forlanini, VO 7 (1988), S. 150, 153 (östlich von Konya).

Pitura

¶ J. Freu, *Luwiya* (1980), 202 (Mersin).

Pitijarik

br.   ^{URU}*pít-te-ia-ri*-[KBo XVII 89 + KBo XXXIV 203 Rs V 10; -*r*]*i-ga* KUB XLVII 64 II 25

¶ M. Forlanini, SM 1 (1979), S. 184 Anm. 105 (Tekkeköy bei Zara); M. Forlanini, ASVOA 4.3 (1986) Tav. XVI 3) l.K.

[Piwara]

RGTC 6 S. 320f. zu streichen, → **Tiwara**.

Pizuha[*

Stf.   LÚ^{MEŠ} ^{URU}*pí-iz-zu-ha*-[HKM 40, 4′

Puhanta

Nom.   ^{URU}*pu-u-ha-an-ta-aš* StBoTB 1 I 74

^{UR}]^U*pu-ha-an-da* Bo 6754, 8′ (nach J. Siegelová, *Verwaltungspraxis* [1986], S. 272)

Ortsbestimmung: Im Lande → **Tarhuntaša**. Von der gleichnamigen Stadt in **Kizuwatna** (RGTC 6 S. 321) getrennt zu halten?

Pupara*

Nom.   ^{HUR.SAG}*pu-u-pa-ra-a-aš* KUB XLVI 22 + KUB XLI 34 I 36′

Akk.   ^{HUR.SAG}*pu-u-pa-ra-an* KUB XLVI 22 + KUB XLI 34 IV 15

]*-u-pa-a-ra-an* KUB XLVI 22 + KUB XLI 34 IV 2

Puranta

Stf.   ^{HUR.SAG}*pu-pa-ra* KUB LVI 40 IV 9′, 10′

br.   ^{HUR.SAG}*pu-u*-[KUB XLVI 22 + KUB XLI 34 IV 29; ^{HUR.SAG}*p*[*u*-ebd. 25

Kultordnung für den Wettergott des Berges P. und den (göttlichen) Berg P., → **Artašuša**.

Puranta

¶ J. Freu, *Luwiya* (1980), S. 270f., 319; M. Forlanini, ASVOA 4.3 (1986) Tav. XVI 7) l.K. (in Karien).

Purušhanta

br.   ^{URU}*pu-r*[*u*- KUB XLVIII 98 III 6′

¶ M. Forlanini, Heth 6 (1985), S. 46 (Acem Hüyük); M. Forlanini, ASVOA 4.3 (1986) Tav. XVI 6) r.K.; Kh. Nashef, *Reiserouten* (1987), S. 50ff.; M. Forlanini, VO 7 (1988), S. 152 (Acem Hüyük); RGTC 4 (1991), S. 29ff.

Puškurunuwa

Stf.   ^{HUR.SAG}PIŠ-*ku-ru-nu-wa* KUB XXX 39 + KBo XXIII 80 + KBo XXIV 112 Rs 2′(br.); KUB LV 1 IV 16; KUB LV 6 I 5 (br., nach H. Freydank Hrsg.); KUB LIX 1 VI 10′; KBo XXIV 118 + ABoT 14 VI 16′, 21′ = KUB XXII 27 IV 30, 33 (übersetzt RGTC 6 S. 325) =
^{HUR.SAG}PIŠ-*ku-nu-wa* KUB L 82, 11, 15′

br.   ^{HUR.SA]G?}PIŠ-*ku-ru*-[KUB LX 30 IV? 3′ (nach H. Klengel Hrsg.; unsicher)

Vgl. 2 ^{NA4}*hé-gur* ^D*ka-a*[*m-ma-ma-aš*] ^DPIŠ-*ku-ru-wa-aš-ša* KUB LVI 37 I? 7′-8′

R

Rimuš

^{URU}*ri-mu-*[KBo II 36 I 5' = ^{URU}*r*[*i-* KUB XV 35 + KBo II 9 I 23

Vgl. noch *-m*]*u-uš-ši-ni* KBo XX 129 + KBo XXIII 6 + KBo XXVII 100 + ABoT 39 + FHG 20 + 23 I 49 // FHG 21 + I 10 nach E. Laroche, RHA 35 (1977), S. 209 (V. Haas, ChS 1 [1984] S. 57, S. 69 liest: *tal-mu-uš-ši-ni*).

Rukumni → Uruk

S

SIG₄-anhila

Stf. ^{URU}SIG₄-*an-hi-la* KBo XVII 21 + 46 + KBo XX 33 + KBo XXV 19
Vs 32(br.); KBo XXX 12 I 7′
LÚ.MEŠ SIG₄-*an-hi-i-la* KBo XVII 9 + 20 + KBo XX 5 + KBo XXV
12 + ABoT 5 III 11′ (schon zitiert RGTC 6 S. 251 als KBo XX 5
Vs 11)

br. ^{URU}SI[G₄]-*a*[*n*- KBo XXX 17 r.Kol. 16′ (zur Lesung s. I. Singer,
StBoT 28 [1984] 100; H. Otten-Chr. Rüster Hrsg., S. XII); -*a*]*n-hi-la*
KBo XXX 17 l.Kol. 7′

Zur Lesung des ON s. N. Boysan-Dietrich, THeth 12 (1987) 16f.; Chr.
Rüster – E. Neu, StBoTB 2 (1989) 246 Nr. 311.

Sip(p)ir

akk. ^{URU}*sí-ip-par* KBo XXXVI 25, 5′
hur. ^{UR}]^{U?}*sí-ip-pí-ir-ri* KUB XLVII 19, 7′
sí-pí-ir-ni KUB XXVII 25 + KUB XLVII 40 Vs? 16′, 17′

¶ = Abū Ḫabba, vgl. RGTC 2 S. 168f., RGTC 3 S. 205ff.; RGTC 5 (1982),
S. 231. Zur syllabischen Schreibung vgl. RGTC 3 S. 205, dazu (aB Mari)
A 1252 Vs 4 = A.K. Grayson – E. Sollberger, RA 70 (1976) S. 111:
sí-ip-pi-ir^{KI}.

Suhi*

akk. KUR *su-hi* KBo XXVIII 62 Vs 8′, 16′, 21′, 28′(br.)

Brief aus Assyrien an einen hethitischen König: «Der Diener vom Land
S. hat [den Thron] von Karduniaš usurpiert» (Z. 21′-22′).
¶ RGTC 5 (1982), S. 235f.; N. Háklár, OA 22 (1983) 25-36 (32 zur Stelle);
M. Liverani, QGS 4 (1992), 67f.

Subartu

sum.   SU^{KI} KBo X 23(+)22 + KBo XI 67 I 9'

«Hemd à la S.». Zur Interpretation vgl. I. Singer, StBoT 27 (1983) 58[11].
¶ RGTC 2 (1974), S. 171ff. (Su/Su'a), 174f. (Subir); RGTC 3 (1980), S.
223ff.; RGTC 5 (1982), S. 232ff; RGTC 4 (1991), S. 108f.

Suti*

akk.   *su-ti-e*^{MEŠ} KBo XXVIII 60, 2'(br.), 5'

Brieffragment aus Assyrien. Zu den «Sutu»-Leuten in den hethitischen
Texten s. CHD 3/1 (1980) 477ff. **latti-** 1. «tribal troop(s)».
¶ RGTC 5 (1982), S. 237f.

Š

Šahanija

Stf. ^{URU}ša-ha-ni$^!$-ia KUB LVII 87 II 3

«MAH von Š.» (Schwurgötterliste), → **Hurnija**.
¶ M. Forlanini, VO 7 (1988), S. 137f. («nell'area fra il Tauro, il fiume Hulaya e Kibistra/Ereğli, cioè, orientativamente, nei pressi del Karadağ»).

Šahita*

Nom. ^{URU}ša-hi-ta-aš StBoTB 1 I 71

Ortsbestimmung: Im Lande → **Tarhuntaša**.

Šahupa

¶ M. Forlanini, ASVOA 4.3 (1986) Tav. XVI 5) m.K. (= → **Išhupa**).

Šahupita*

Stf. $^{HUR.SAG}$ša-ah-hu-pí-id-da(-ia) KUB LIV 1 + 552/u (= H. Otten, ZA 75 [1985] 143) I 30

Ortsbestimmung: Möglicherweise in **Kizuwatna/Kumani** zu suchen: «Als in Kumani dem "Sohn" Böses geschah ... Als ich aber auf den Berg Š. gelangte» (Z. 25...30)

Šahuwalija

Stf. ^{URU}ša-ah-hu-u-wa-li-ia KUB LII 45 Vs 10′

Šahuwar[*

HUR.SAG*ša-hu-wa-ar-*[KBo XXV 162, 7

Liste von (göttlichen?) Bergen.

Šahuzimiša

Akk. URU*š*[*a-* KUB L 108, 8' (// KUB XXII 51 Vs 11')

Šakalu[*

br. UR]U*ša-ka-lu-x*[KUB XIX 19 Vs 1

¶ M. Forlanini, RIL 126 (1992) (= → **Iškalu**[).

Šakantawija*

br. URU*ša-ga-an-ta-wi₅-i*[*a* KUB LII 89 II? 3'

Šakatunuwa → Šakutunuwa

[Šakurija]

Stf. HUR.SAG *ša-a-kur-ia*[KUB LIII 4 Rs 33'

So deutlich von L. Jakob-Rost in der Autographie gelesen (vgl. auch den Index des Heftes S. VII). Diese Lesung wird jedoch in der Bearbeitung des Textes durch V. Haas und L. Jakob-Rost, AoF 11 (1984) 76, stillschweigend und wohl mit Recht abgelehnt, vgl. die Übersetzung S. 79: «Die Priester der Länder, die Priester von Atal(a)hziya (und) [die] Priester – [ein jeder] geht in seine Stadt (zurück)».

Šak(u)tunuwa

Stf. HUR.SAG*ša-ak-du-nu-w*[*a*] HKM 71, 18
KUR HUR.SAG*ša-*KAD*-du-nu-wa* HKM 46, 8; 96, 18'
hat. *zi-i-iš-pa ša-ak-tu-nu-ú-wa* KBo XIX 162 Vs 14

Ortsbestimmung: → **Ištiruwa**, **Karahna**.
¶ H.-S. Schuster, HHB I/1 (1974) 103; S. Alp, Belleten 164 (1977) a, S. 643f. = Fs Laroche (1979), S. 34f. (Karadağ); M. Forlanini, SM 1 (1979),

Šalahšuwa

S. 182 («parte della catena che va dal Yıldız Dağ al Deveci Dağ»); M. Forlanini, ASVOA 4.3 (1986) Tav. XVI 2) r.K.; zum Namen H.S. Schuster, a.a.O., und A. Archi, OA 14 (1975) 368.

Šalahšuwa

¶ M. Forlanini, Heth 6 (1985), S. 54, 64 Anm. 81; Kh. Nashef, *Reiserouten* (1987), S. 5, 39; M. Forlanini, Heth 10 (1990), S. 122f. Anm. 15; RGTC 4 (1991), S. 99f.; M. Forlanini, Fs Alp (1992), 175.

Šalampa

Eth. ^{URU}*ša-lam-pu-u-me-ni-eš* KBo XVI 71 + KBo XVII 14 + KBo XX 4 + 16 + 24 + KBo XXV 13 I 6′ (schon zitiert RGTC 6 S. 332 als KBo XX 16 Rs.? 6′)

br. ^{URU}*š*[*a-* KUB LVII 71, 5′ (wohl Dat.); ^{URU}*ša-la-a*[*m*?*-* IBoT IV 99 Vs 1′ (Lesung nicht ganz unproblematisch, weil dieser ON stets mit dem Zeichen LAM geschrieben wird. Hrsg. liest, S. XLIV: *ša-ad-d*[*u-up-pa*?, doch wird dieser ON nie mit dem Kultus assoziert).

Šalapa

¶ J. Freu, *Luwiya* (1980), S. 257ff.; M. Forlanini, ASVOA 4.3 (1986) Tav. XVI 7) r.K.

Šalašna*

Stf. ^{URU}*šal-la-aš-na* HKM 113, 15

Ortsbestimmung: Im Bezirk → **Tapika**. HKM 113, 14-16: «Huidudduwalli. Man hat ihn in Š. angesiedelt (und) dem Hilanani zugewiesen».

Šalatiwara

Stf. ^{URU}*ša-la-ti-wa-ra* KBo XXVII 31, 7′

Festritual (vgl. 2′-4′ Trankopfer mit Gesang): 5′-8′ «[...], die *umme'ānum*-Leute, die Marktvorsteher, [...], die Kaufleute von Kaniš, [die Kaufleute von] Š., [die Kaufleute von ON], die Kaufleute von Ta[palka/Timilkija ...]», vgl. etwa die Reihenfolge der Götter in KBo IV 13+KUB X 82 Vs I 39'-41'.

¶ M. Forlanini, SMEA 18 (1977), S. 214f. («nella zona fra il Kızılırmak e il Sangario presso Haymana a sud di Ankara»); M. Forlanini, Heth 6 (1985), S. 48 (westlich des Tuz Gölü um Balcıkhisar); RGTC 4 (1991), S. 100f.

Šalawaša

¶ J. Freu, *Luwiya* (1980), S. 285.

Šalija

Nom. ^{URU}*ša-a-li-ia-aš* StBoTB 1 I 49

¶ J. Freu, *Luwiya* (1980), 200, 247 (NW der kilikischen Pforten um Ulukışla); M. Forlanini, ASVOA 4.3 (1986) Tav. XVI 6) r.K. (um Ereğli).

Šalitaši

Nom. $^{U]RU}$*ša-li-ta-aš-ši-iš* KUB XXXVIII 10 IV 26'

Vgl. RGTC 6 → **Parmašhapa, Šaluwataši, Šapita.**

Šaliwana

Dat. $^{HUR.S]AG}$*ša-li-wa-ni* KBo XXXII 184 Rs 1'
Stf. $^{HUR.SAG}$*ša-li-wa-na* KBo XXXII 184 Vs 6'

Felder «vor dem Berg Š» (Landschenkungsurkunde des Zidanza).

Šaliwanta*

Gen. $[^{URU}$*š]a-li-e-wa-an-ta-aš* HKM 103, 27

«9 Arbeiter von Š. Zuwa der Vorsteher. 2 *parisu* 2 *sūtu* (Gerste ihre Ration)».

Šalma

Abl. ^{URU}*ša-al-ma-za* KUB LX 47 Vs$^?$ 9'

Šalpa

¶ M. Forlanini, SMEA 22 (1980), S. 77 («verso Kaman»); M. Forlanini, ASVOA 4.3 (1986) Tav. XVI 2) m.K. (südlich von Hattuša).

Šalpa

Dat. ^{URU} *šal-pí* KBo XXXII 202 Rs 16'

Šaluša

Nom. ^{URU} *ša-al-lu-ša-aš* StBoTB I 1 58

S. → **Šarantuwa**.

Šaluwanta

¶ J. Freu, *Luwiya* (1980), S. 277; RGTC 4 (1991), S. 101.

Šaluwataši

Nom. *-l]u-wa⌐-ta-aš-ši-iš* KUB LVII 58 II 6' =
]*-aš-ši-iš* KUB LVII 106 II 14

Zusatzstücke zu KUB XXXVIII 6 bzw. 10 + 10a; Lesung und Ergänzung nach KUB XXXVIII 10 + Rs IV 29' (nach A. Archi Hrsg. eher zu ^{PÚ}Tinataši zu ergänzen). Kultordnung (Herbst und Frühlingsfest) für die Götter der Stadt Š. «zu dem Haus (KUB XXXVIII 10 Rs IV 29': dem Palast) des Labarna gehörig». Behandelt werden noch der Berg → **Lawata**, der «Schwarze Berg» und die Quellen → **Ziwaši**, **Harki**, und **Šanaja**.

Šamaha

br. ^{URU} *ša⌐*(Aut.: TA)*-am-ma-h[a* KUB XII 45 + KUB LIII 22 II 8'

Zur möglichen Lesung vgl. St. de Martino/H. Otten, ZA 74 (1984) 304[4]. Lieferant von Schafen anläßlich eines Herbstfestes für Telipinu.

Šamalija*

Nom. ^{KUR} *ša-am-ma-li-ia-aš* KBo XXVI 180 I 4'

Göttlicher Berg verehrt in → **Kanara**.

Šamuha

Gen. š]a-mu-u-ha-aš KUB LI 79 Vs? 3', 10'(br.) (= KUB XLIV 2, 3'
      etc.)
Stf.   URUša-mu-u-ha StBoTB 1 III 85, 90, 97
      URUša-mu-ha KBo XXVIII 114+KUB III 1a+ Rs 22'; KUB XLV
      32 IV 4'; KUB XLVIII 126 I 12', 14', 15', 19', 25'(br.), 29'(br.);
      KUB XLIX 17 IV 12', 20', 25'; KUB XLIX 80, 1'; KUB LII 13,
      3; KUB LII 62 IV 2 (! zur Lesung s. St. de Martino/H. Otten, ZA
      74 [1984] 299; vgl. G. Beckman, BO 42 [1985] 140); KUB LIV
      1+552/u (= H. Otten, ZA 75 [1985] 143) II 3; KUB LIV 70, 7';
      KUB LV 17, 11'; KUB LVI 28 Vs 5'; KUB LVII 74 I? 1'(br.);
      KUB LVII 87 III 6'(br.), 7'; KUB LVIII 5 I 6'(br., vgl. Th.P.J. van
      den Hout, BO 48 [1991] 580); KUB LX 26 Vs 2; HKM 97, 11'
      URUša-pu-ha KUB LV 17, 19'; KUB LX 26 Vs 6

¶ E. Laroche, RHA 35 (1977), S. 213f.; M. Forlanini, SM 1 (1979), S.
180ff. (Sivas Kale bzw. Şarkışla); M. Forlanini, ASVOA 4.3 (1986) Tav.
XVI 3) l.K.; RGTC 4 (1991), S. 102.

Šanahuita

Stf.   KUR URUša-na-hu-it-ta HKM 96, 18'
      URUša-na?-h[u?-it]-ta HKM 24, 45
      URUša-na-ú-it KUB LVIII 15 I 9

«Fest von Š» (Kultordnung, → Huwatnuwanta).
¶ M.T. Larsen, JCS 24 (1972), S. 100f.; M. Forlanini, Heth 6 (1985), S.
47 (Alişar Hüyük, = aA Šinahutum); M. Forlanini, ASVOA 4.3 (1986)
Tav. XVI 2) m.K. (Alişar Hüyük?); RGTC 4 (1991), S. 107.

Šananauja

Stf.   URUša-na-na-u-ia KUB XLVIII 105+KBo XII 53 Vs 6'

Ortsbestimmung: Im Lande → Wašhanija (schon zitiert RGTC 6 S. 343).

Šananta

¶ M. Forlanini, VO 7 (1988), S. 160 (Siniandos nordöstlich von Beyşehir).

Šanantarwa

Nom. ^{URU}*ša-na-an-tar-wa-aš* StBoTB 1 I 19, 21

Šanhata

Nom. ^{URU}*ša-an-ha-ta-aš* StBoTB 1 I 57

S. → **Šarantuwa**.

Šantima

Nom. ^{URU}*ša-an-ti-im-ma-aš* StBoTB 1 I 37
Akk. ^{URU}*ša-an-ti-im-ma-an* StBoTB 1 I 37

Šantiwara*

Stf. ^{URU}*ša-an-ti-wa-ra* KUB LV 1 II 3′(br.), IV 13

Ortsbestimmung: Bei dem Berg → **Taha**.

Šantu[

br. ^{URU}*ša-an-du-x*[KUB LIX 26, 3′

Šapa[*

br. ^{URU}*ša-pa-a-*[HKM 24, 40

¶ M. Forlanini, SMEA 18 (1977), S. 208 (Beypazari)

Šapana

br. $^{HUR.SAG}$*ša-pa-*[KBo XXXIV 138, 4′

Šapantalija*

Abl. ^{URU}*ša-pa-an-da-li-ia-az* KBo XXIII 27 II 12′
š]*a-pa-an-ta-li-ia-za* KBo XXIII 27 III 13
Stf. ^{URU}*ša-pa-an-da-li-ia* KBo XXIII 27 II 15′

«Fluß von Š.», wohl in der Umgebung von → **Šapinuwa**.

Šaparašana*

Gen. ^{URU}ša-pa-ra-aš-ša-na-aš KUB LVII 87 II 11

Stf. ^{URU}ša-pa-ra-aš-ša-na KUB XXXIX 57 IV 6' (RGTC 6 S. 346 zu korrigieren)

br. ^{URU}ša-pa-ra-aš-[KUB LI 41, 7'

Ortsbestimmung: Wohl bei Karkamiš, vgl. den gleichnamigen Berg.

Šaparašana*

Nom. ^{HUR.SAG}ša-pa-ra-a[š- KUB LVII 87 II 10

Stf. ^{KUR}ša-pár-ra-aš-ša-na KUB XLVIII 93, 9', 14'(br.)
^{KUR}ša!-pár-ra-na-aš-ša KUB XLVIII 93, 12'
^{KUR}ša!-pár-ra-na!-ša KUB XLVIII 93, 11'

Abk. ^{KUR}ša-pár-ra KUB XLVIII 93, 10'(bis)

KUB XLVIII 93, 8'-13' Gelübde der Königin in Karkamiš für Ištar vom Berg Š., den Wettergott vom Berg Š. und den (göttlichen) Berg selbst. S. auch die Liste von Eidgöttern KUB LVII 87 Vs II → **Hurnija** und KUB XXXIX 57 Rs IV 6' (RGTC 6 S. 346). Vgl. die gleichnamigen Stadt. ¶ M. Forlanini, VO 7 (1988), S. 139 (= → **Zaparašna** RGTC 6 S. 493, «una montagna a sud delle Pylae»); M. Forlanini, Heth 10 (1990), S. 124 Anm. 23 (= → **Zaparašna** RGTC 6 S. 493, «au sud des Portes Ciliciennes»).

[Šaparaškuna]

RGTC 6 S. 346 zu streichen, → **Šaparašana**.

Šapinuwa

Akk. ^{URU}ša-pí-nu-wa-an KBo XXIV 128 Vs 1'

Abl. ^{URU}ša-pí-nu-wa-za HKM 59, 4

Stf. ^{URU}ša-pí-nu-u-wa HKM 58, 7, 12
^{URU}ša-pí-nu-wa KBo XXIII 27 III 7, 10, 18, 23; KBo XXIII 71, 7'; KBo XXIV 123 Rs? 2'(br.); KBo XXIV 128 Vs 3', 11'(br.); KBo XXIV 133, 7''; KBo XXXIV 218 Vs? 8''(+ -ia); KUB LI 44 Vs 17'(br.); KUB LVII 87 III 5'; StBoTB 1 III 85
š]a-pí-nu-wa KUB L 108, 7' (// KUB XXII 51 Vs 10'); HKM 20, 10

hur. ^{URU}ša-pí-nu-wa-hi-ni-pí KBo XXVII 108+KUB XII 44 Vs II 11!, 17

Šapituwa

^{URU}*ša-pí-nu-wa-hi-ni-pí-na* KBo XXIII 27 I 13', 16'

^{URU}*ša-pí-nu-wa-a-hi-na-a-ma* KBo XV 75 + KBo XXIII 33 + KUB XXXII 26 II 27'; KUB XXXII 21 + 32 + KUB XLVII 26 II 6'

]*ša-pí-nu-wa-a-pa* KBo XXXIII 14, 5'

br. ^{URU}*ša-pí-*[KBo XXIII 110 Rs 3'; *-p*]*í-nu-wa*(*-*)*x* KUB LX 77, 4'

Ortsbestimmung: HKM 58, 5-9 (Brief des Kikarša an Tahazzili, aus → **Tapika**): «Was betrifft die Angelegenheit der "Blinden", über die du mir geschrieben hast: man hat die "Blinden" insgesamt oben nach Š. fortgebracht und hier hat man 10 "Blinde" in den Mühlen zurückgelassen»; HKM 59, 4-8 (Brief des Šarpa an den Grenzkommandant und den Tarhuni): «Siehe, die "Blinden" sind von Š. aus der Mühlen geflohen [und] sie sind hier gekommen».

¶ E. Laroche, RHA 35 (1977), S. 210; M. Forlanini, SMEA 18 (1977), S. 205 (Eskiyapar); M. Forlanini, SM 1 (1979), S. 180 Anm. 76 (Eskiyapar); M. Forlanini, SMEA 22 (1980), S. 77 (bei Eskiyapar); M. Forlanini, ASVOA 4.3 (1986) Tav. XVI 2) m.K. («nella piana di Alaca, forse Eskiyapar»); M. Forlanini, RIL 126 (1992) (um Karamağara).

Šapituwa

br.   *-i*]*d-du-wa-aš* KUB XLVIII 110 III 2

Nach M. Salvini Hrsg. wäre KUB XLVII 81, 2' *š*]*a-pí-d*[*u-* hier einzureihen, was aber wegen des kultischen (hurrischen) Bereiches des Br. sehr zweifelhaft ist.

¶ M. Forlanini, Heth 8 (1987), S. 114 Anm. 11 (bei Taşköprü).

Šapla

Stf. ^{URU}*ša-ap-la* KUB XLII 28 + Bo 6119 IV 19'

Vgl. J. Siegelová, *Verwaltungspraxis* (1986), S. 152.

Šaplitu → Unteres Land

Šarahatu*

Stf. ^{URU}*ša-ra-ha-ad-du* KUB XLIX 88 III 9'

-h]*a-ad-du* KUB LX 68, 9' (nach M. Forlanini, RIL 126 [1992])

KUB XLIX 88 Br. Orakelanfrage. Beachte Z. 7': «Die Reise, die Seine Majestät am Meer [...]».

Šarantuwa

Nom. ^{URU}*ša-ra-an-du-wa-aš* StBoTB 1 I 57
Stf. ^{URU}*ša-ra-an-du-wa* StBoTB 1 I 60

Ortsbestimmung: Grenzbeschreibung des **Hulaja**-Flußlandes: «Von der Stelle (am) Meer (sind) ihm aber Mata, Šanhata, Šurima [= Larima nach KBo IV 10 Vs 30, RGTC 6 S. 244], Š., Ištapana, das Landgut von Šaluša, Tata (und) Taša [beide = Tataši in KBo IV 10 Vs 30, RGTC 6 S. 413] die Grenze; diese Ortschaften aber gehören zum Hulaja-Flußland. Vom Bereich von Š. aus aber (ist) ihm das Meer die Grenze».
¶ H. Otten, StBoTB 1 (1988) S. 36f. («etwa im Bereich Silifke-Anamur-Alanya»).

Šarazzi utne → Oberes Land

Šarija*

Gen ^{URU}*ša-ri-ia-aš* HKM 103, 5
Stf. ^{URU}*ša-ri-ia* HKM 99, 13

Ortsbestimmung: Im Bezirk → **Tapika**. HKM 99, 12-13: «Pa, Ammaškuwanni, Leute von Š.»; HKM 103, 5-6: «16? Arbeiter von Š. Našaili der Vorsteher. 5? *parisu* 2 *sūtu* (Gerste ihre Ration)».

Šariša

Stf. ^{URU}*ša-ri-eš-ša* KBo XXVI 213, 5'
^{URU}*ša-a-ri-iš-ša* KBo XVII 89 + KBo XXXIV 203 Rs V 9
^{URU}*ša-ri-i[š-* KUB LIX 24, 3'
EZEN₄ *ša-ri-ša* KUB XLVI 37 Rs 28 (hierher?)
-r]i-iš-ša KBo XXII 71 I 2'

¶ RGTC 4 (1991), S. 104, 107.

Šarlaimi

Nom. HUR.SAG *šar-la-im-mi-iš* StBoTB 1 I 48

Šarmana

Gen. HUR.SAG *šar-la-a-i-ma-aš* KBo XXIV 36 + KBo XXIX 190, 9'

Stele des «Erhabenen Berges» im Kult für Huwašana von → **Hupišna** KBo XXIV 36 + KBo XXIX 190, 9'.

J. Freu, *Luwiya* (1980), S. 242.

Šarmana

Akk. URU*ša-ar-ma-na-an* StBoTB 1 II 18
Stf. URU*ša-a-ar-ma-na* StBoTB 1 II 14

Ortsbestimmung: Im Lande → **Tarhuntaša**: ebd. II 8-15 «Und Š., die Stadt, Pantarwanta und Mahrima, mit Feld (und) Flur, Wiese, die Schaftreiber, die ganze Alm, den ganzen *liki-* hat mein Vater Hattušili dem Kurunta, dem König vom Lande Tarhuntaša, zugewiesen, und auch ich, Meine Majestät, Tuthalija, der Großkönig, habe ihm (es) zugewiesen. Kein anderer Mensch soll an das Salz von Š. herangehen!», vgl. KBo IV 10 Vs 34'-35' (= RGTC 6 S. 469).

Šarmanzana*

Gen. URU*šar-ma-an-za-na-aš* KUB XLVIII 105 + KBo XII 53 Vs 39'

Ortsbestimmung: S. → **Pitanijaša**.

Šarnanta*

Nom. URU*šar-na-an-ta-aš* StBoTB 1 I 54

Ortsbestimmung: S. → **Hawalija**.

Šarpa

Akk. HUR.SAG*ša-a-ar-pa-an* KUB LIV 2 + KUB XXVII 59 + IV 14'
HUR.SAG*šar-pa-an* KBo XXIX 82 + KBo XIV 95 IV 10'
HUR.SAG D*ša-a-ar-pa-an* KBo XXIX 94 I 8'; KBo XXIX 95, 15'
HUR.SAG D*ša-ar-pa-an* KBo XXIX 99 I 14'
Stf. HUR.SAG*ša-a-ar-pa* KUB LVII 108 II 16'
HUR.SAG*ša-ar-pa* KUB LVII 108 II 13'
HUR.SAG*šar-pa* KUB LVII 108 II 14'

br.　^{D}*ša-a*[*r-* KBo XXIX 113, 4';]*-ar-pa-na* KBo XXIX 109 Vs 1';
-a]*r-pa-an* KBo XXIX 128 Rs? 7'

Ortsbestimmung: Außer seinem Auftreten als göttlicher Berg im Kult der
Huwašana von → **Hupišna**, haftet der Berg in KUB LVII 108 Vs II 12'ff.
für Kultlieferungen für die Gottheit Šahašara und den Wettergott in →
Uta: «1 Stier des Berges Š. pflegt die Stadt zu liefern; 9 Schafe, darunter
2 Schafe (liefert) der Berg Š., 6 Schafe liefert die Stadt; 18 *parīsu* 2 *sūtu*
Gerste!, darunter 13 *parīsu* 3 *sūtu*! Gerste der Tenne ..., [5] *parīsu*
Gerstenmehl pflegen die Ortschaften zu liefern, die (auf) dem Berg Š.
[...]; die [Bergwäch]ter? [...]». Vgl. → **Šuwanzana**.
¶ M. Forlanini, Heth 7 (1987), S. 73ff. (F. unterscheidet zwei Berge
gleichen Namens: Š. I bei Karakuyu; Š. II den Hasandağ bei Emirgazi);
RGTC 4 (1991), S. 104.

Šarpunuwa

¶ S. Alp, Belleten 164 (1977) a, S. 643f. = Fs Laroche (1979), S. 34f.
(Emir Daği); M. Forlanini, SM 1 (1979), S. 182 («parte della catena che
va dal Yıldız Dağ al Deveci Dağ»).

Šaš[

br.　^{URU}*ša-a-aš*-[KBo XXXIV 203 + KBo XVII 89 Rs V 19'

«ZABABA von Š.» (Liste von Gottheiten).

Šašimuwa

¶ M. Forlanini, VO 7 (1988), S. 136 Anm. 31

Šašita*

Stf.　KUR *ša-aš-ši-ta* KUB XLIX 100, 16'

Ortsbestimmung: In kaskäischem Gebiet (br. Orakelanfrage über einem
Feldzug des Königs, vgl. Z. 2'-9' → **Iškamahaša**).

Šawata*

Stf.　^{URU}*ša-wa-at-ta* KUB XLII 29 + V 13'

Šawija*

Šawija*

Nom. ^{URU}ša-ú-i-ia-aš StBoTB 1 I 73

Ortsbestimmung: Im Lande → **Tarhuntaša**.

Šeha

Stf. KUR ^{URU ÍD}še-e-ih-ha KUB XLIX 66, 6'(br.), 12'
KUR ^{URU ÍD}še-e-ha StBoTB 1 IV 32
KUR ^{ÍD}še-e-ha KUB XIX 51+HFAC 1 I 7'(br.); IBoT IV 2 IV
7'(br.)

¶ J. Freu, *Luwiya* (1980), S. 286ff. (im Mäandertal; Beycesultan); M.
Forlanini, ASVOA 4.3 (1986) Tav. XVI 7) l.K. (im Mäandertal).

Šijata*

Stf. ^{URU}ši-ia-at-ta KUB LVI 23 Vs 12 (nach H. Klengel Hrsg.)

Šikariša (?)

Stf. ^{URU}ši-ig-ga-ri-[š]a? KBo XXXIV 203+KBo XVII 89 Vs III 12'

«Sonnengottheit der Erde von Š» (Liste von Gottheiten).

Šikilta*

luv. Eth.:
Nom. ^{URU}ši-ki-el-di-iz-za-aš KBo XXXIII 123+KUB XXXII 129+FHG
13 II 26
Akk. ^{URU}ši-KAL-ti-iz-za-an KUB XXXII 103 II 16'
Stf. ^{URU}ši-ki-el-di-iz-za FHG 13+ III 17', 25'(br.)

Hebat von Š., verehrt im magischen Ritual der Kuwanni, Tempeldienerin
der Hebat von → **Kumani** (CTH 474).

Šilwaja[

br. ^{URU}ši-el-wa-i[a(-) KUB LII 52 II 4', III 3

[Šima]

Der von M. Forlanini, SM 1 (1979), S. 183 mit Anm. 96 (vgl. auch Heth 8 [1987], S. 117 Anm. 35) als Šemaš bzw. Šema angeführten ON («corrisponde certamente a Simos, sulla strada antica che collegava Tavio/Nefezköy a Sebastea/Sivas»), ist wohl zu streichen. Die Zeichenspuren in KUB XXXVIII 7 Rs r.Kol. 2 einerseits sind mehrdeutig (L. Jakob-Rost z.B., MIO 8 [1961], S. 192 las $^{URU}li(?)$-$aš$); andererseits ist das Bruchstück KUB XXXVII 129 Rs r.Kol. 5'-9' zu lesen: $^{7'}ú$-pa-ah-ha-ru-ma x[...] $^{8'}e$-ma URU^{lim} e-ma URU[...] $^{9'}i$-te-ne-ep-pu-[$šu$] / $^{10'}ù$ $^{GIŠ}GU.ZA$ $ša$ a-na $^{URU}še$-⌈e⌉-[ri-$iš$-$ša$ ...] $ù$ i-na $^{URU}še$-e-ri-$iš$-$ša$ [... «Sie versammelten [...] an jedem Ort, in jeder Stadt (?) [...] machte[n] [sie] jeweils. Der Thron, der an Šeriša [...] in Šeriša [...».

Šimura*

Stf. $^{URU}ši$-im-mu-ur-ra KBo XXVI 88 IV 1(br.), 5, 9(br.); KBo XXVI 90, 5'(br.)
  $^{URU}ši$-im-mu-ra KBo XXVI 90, 4'
br. $^{URU}ši$-im-mu-[KBo XXVI 90, 2', 6'

Bruchstücke des Mythos von Kumarbi, wohl dasselbe wie **Simurrum** (RGTC 2 S: 167f., RGTC 3 S. 221).

Šimuwa*

Nom. $^{URU}ši$-im-mu-wa-$aš$ StBoTB 1 I 71

Ortsbestimmung: Im Lande → **Tarhuntaša**.

Šimuwanta*

Nom. $^{URU}ši$-im-mu-wa-an-ta-$aš$ StBoTB 1 I 51

Ortsbestimmung: Grenzstadt zwischen → **Ušawala** und dem Hulaja-Flußland.

Šiname

¶ K. Kessler, *Untersuchungen* (1980), S. 79ff., 110ff.; RGTC 5 (1982), S. 249

Šinamu

Šinamu

¶ M. Forlanini, SM 1 (1979), S. 171 mit Anm. 25 («Sanabûs sulla strada fra Arabissos e Tzamandos ... nei pressi di Sariz»).

Šinta

Abl.   ^{URU}*ši-en-da-za* KUB XLVIII 105 + KBo XII 53 Vs 8′ (schon zitiert RGTC 6 s. v.)

Šinuwanta

Abl.   ^{URU}*ši-in-wa-an-ta-az* StBoTB 1 I 43

¶ J. Freu, *Luwiya* (1980), 201, 247 (an den kilikischen Pforten: Sinanti); M. Forlanini, VO 7 (1988), S. 133f. (Ulukışla)

Šinzana

¶ M. Forlanini, VO 7 (1988), S. 151

Šipišaši*

Akk.   ^{URU}*ši-pí-ša-ši-in* HKM 47, 3

Šipri

¶ P. Matthiae, SMEA 22 (1980), S. 49f. (Tell Fray).

Širika

¶ M. Forlanini, SM 1 (1979), S. 171; M. Forlanini, ASVOA 4.3 (1986) Tav. XVI 4) r.K.

Šišpinuwa

¶ S. Alp, Belleten 164 (1977) a, S. 643f. = Fs Laroche (1979), S. 34f. (Buzluk Dağ; = → **Zišpinuwa**); M. Forlanini, SM 1 (1979), S. 182 («parte della catena che va dal Yıldız Dağ al Deveci Dağ»).

Šitara*

Nom. ^{HUR.SAG}*ši-it-ta-ra-aš* KBo XXV 162, 3

Liste von (göttlichen?) Bergen.

Šitarpu*

hur. ^{URU}*ši-tar-pu* KBo XX 129 + KBo XXIII 6 + KBo XXVII 100 + KUB XXXII 29 + ABoT 39 + FHG 20 I 56

«Wasserläufe von Š.» in hurrischem Kontext nebst → **Ninuwa, Nawari, Aziki**, den Bergen **Kašijari** und **Napri** u.a.m. genannt, s. V. Haas, ChS I/1 (1984), S. 57f. Vgl. FN → **Šitarpu**.

Šituwa

Akk. ^{[HUR.S]AG}*ši-id-du-u-wa-an* KUB XLVI 22 + KUB XLI 34 I 7′
Abl. ^{HUR.SAG}*ši-id-du-wa-az* KUB LI 22 I? 13′
br. ^{HUR.SAG}*ši-id-d[u-* KBo XXXIV 35 I 15′, vgl. 10′

¶ M. Forlanini, Fs Alp (1992), S. 173.

Šiwanta

Stf. ^{URU}*ši-wa-a[n?-d]a?* KUB LII 80, 3′

Vgl. G. Beckman, BO 42 (1985), S. 139: ^{UR]U?}*ši-wa-x-na*(?).

Šuhupuruša

br. ^{URU}*šu-hu-pu-ru-uš-ša*(-)*an*[KUB LX 105 Vs 4

Šuhurišiša*

Stf. ^{URU}*šu-uh-hu-ri-eš-ši-ša* KUB XLIX 88 II 11

Ortsbestimmung: In der weiteren Umgebung von → **Nerik** (Vs II 6; br. Orakelanfrage über Feldzüge eines Königs).
¶ M. Forlanini, RIL 126 (1992).

Šukazija*

Šukazija*

Stf. ^{URU}*šu-ga-zi-ia* HKM 113, 13

Šulama I

Stf. ^{URU}*šu-la-ma* KUB LIV 1+552/u (H. Otten, ZA 75 [1985], S. 143) II 9

Šulama II*

^{HUR.SAG}*šu-ul-la-am-ma* KUB LIV 1+552/u (H. Otten, ZA 75 [1985], S. 143) IV 21'

«Die Flüsse, die vom Berg Š. herabfließen, (wie) sie sich nicht vereinigen ...».
¶ A. Archi – H. Klengel, AoF 12 (1985), S. 61.

Šulupaši

Gen. É.GAL ^{URU}*šu-lu-pa-aš-ši-ia-aš* KUB XLVI 33 Vs 10'(br.); KUB XLVIII 105+KBo XII 53 Rs 5
É.GAL ^{URU}*šu-lu-pa-ši-ia-aš* KBo XIII 234+KUB LI 69 Vs 7 (schon zitiert RGTC 6 S. 365f.)
Stf. ^{URU}*šu-lu-pa-aš-ši* KBo XXIII 27 II 7'(br.), III 9(br.); KBo XXVII 54 Rs 3(br.), 6, 9
^{URU}*šu-lu-p[a-* KUB LVII 87 III 3'
É.GAL *šu-lu-pa-aš-ši* KUB XLII 48 Vs 12'

Šunara

Nom. ^{HUR.SAG}*šu-un-na-r[a-aš* KBo XXV 162, 6

Liste von (göttlichen?) Bergen.

Šupalešna* (?)

Dat.]*šu-up-pa-li-e-eš[(ni)]* KUB XXXI 143a+VBoT 124 III 6' =]*-li-e-[eš-n]i* KUB LX 20, 6'

Fraglich ob ON, vgl. E. Neu, StBoT 26 (1983), S. 358 Anm. 5

Šupilulija

Akk. [URUšu-p]í-lu-li-an KUB L 108:8' (// KUB XXII 51 Vs 11')
br. URUšu-up-pí-x[-x-(x)-]x-i[a] HKM 61, 5

HKM 61, 5 wird hier nach S. Alp, TTKY VI/34 (1991), S. XXX eingeordnet.
¶ RGTC 4 (1991), S. 109f. (mit Lit.).

Šura*

Nom. URUšu-ra-aš StBoTB 1 I 51

Ortsbestimmung: Grenzstadt zwischen → **Ušawala** und dem **Hulaja**-Fluß-
land.

Šurima*

Nom. URUšu-ri-im-ma-aš StBoTB 1 I 57

Ortsbestimmung: Grenzstadt des **Hulaja**-Flußlandes, am Meer, → **Šarantuwa**. Der ON wird in der parallelen Grenzbeschreibung der Tontafel
KBo IV 10+ Vs 30 **Larima** geschrieben, vgl. RGTC 6 S. 244: man muß
entweder in der Tontafel oder in der Bronzetafel eine Korruptel
annehmen, vgl. auch → **Taša/Tata**.

Šurišta

Stf. URUšu-ri-iš-ta unv. 359/u + Bo 4410, 9' (= ZA 67 [1977], S. 56) =
URUšu-ri-eš-[KUB XIII 3 III 33 (RGTC 6 S. 369)

Šuruta

¶ M. Forlanini, ASVOA 4.3 (1986) Tav. XVI 7) r.K. (Soruda/Serede).

Šuruwa

¶ M. Forlanini, ASVOA 4.3 (1986) Tav. XVI 7) r.K. (um Kütahya).

Šuta

akk. šu-ú-ta KBo XXVIII 114 + KUB III 1a+ Rs 30'

¶ M. Astour (1992), S. 6ff.

Šutašna

Nom. ^{URU}*šu-ut-ta-aš-na-aš* StBoTB 1 I 36

Šuwanzana

Stf. ^{URU}*šu-u-wa-an-za-na* KUB LVII 108 III 6

Rs III 6-10 br. Kultordnung für Šuwanzipa von Š. In derselben Tafel werden (u.a.) Šahašara von → **Uta**, die Königin von → **Anašipa**, der Wettergott und Ijaja von → **Wanata** und der Wettergott und Pirwa von → **Tapala** behandelt. Vgl. auch → **Šarpa**.
¶ M. Forlanini, Heth 10 (1990), S. 118 (um Ereğli).

Šuwara

¶ J. Freu, *Luwiya* (1980), S. 277.

Šuwarzapa

Stf. ^{URU}*šu-wa-ar-za-pa* KUB LVI 39 II 9', IV 30(br.)

Festbeschreibung für den Wettergott und die Sonnengöttin von Arina in Š.

Šuwatara

¶ M. Forlanini, SM 1 (1979), S. 177; M. Forlanini, Heth 6 (1985), S. 51; M. Forlanini, ASVOA 4.3 (1986) Tav. XVI 6) l.K. (gr. Soatra in Lykaonien).

T

Taha

Akk. ^{HUR.SAG}*da-a-ha-an* KUB LI 40 III 8'; KUB LIV 82 Rs 3

Stf. ^{HUR.SAG}*da-a-ha* KUB LI 40 III 9'; KUB LI 87 l.Kol. 12'; KUB LV 1 IV 13; KUB LVI 56 IV 10; KUB LIX 13 II 7, 9, 10, 13, III 12; KUB LX 10, 3'; KUB LX 63, 16'; KUB LX 106, 5'; IBoT IV 239, 1'(br.)

^{HUR.S]AG}*da-ha* KUB LVIII 21:2', 6'

¶ M. Forlanini, SMEA 18 (1977), S. 204 (Ak Dağ); RGTC 4 (1991), S. 111.

Tahalhata*

^{URU}*ta-hal-ha-a[t-* KBo XXVI 208, 5', 7'

Br. Kultordnung der Stadt → **Taškarmata**.

Tahanišara*

Stf. ^{URU}TAH-*ha-ni-ša-ra* KUB XLIX 11 III 7
^{URU}TAH-*ni-ša-ra* KUB XLIX 11 II 20'

Orakelanfrage über Kriegshandlungen des Tattamaru um → **Ištitina**.

Tahapina

Dat. ^{UR]U}*ta-ha-a-pí-ni* (KUB LX 20 Rs? 7' (schon zitiert RGTC 6 S. 377 als unv. Bo 1212)

Tahara → FN Tahara

Tahašara*

Tahašara*

Stf. ^{URU}ta-ha-ša-ra HKM 55, 6
 ^{URU}da-ha-ša-ra HKM 99, 8

br. -š]a$^?$-ra-aš HKM 103, 35 (hierher?)

Ortsbestimmung: Im Bezirk → **Tapika**, s. → **Kašipura**. «Pimpira, Mann von T.», HKM 99, 8.

Tahašta*

Akk. d]a-ha-aš-da-an KUB XL 99 Vs 6
br. ^{URU}ta-a-ha-aš-t[a(-) HKM 40, 6′; ^{URU}da-ha-aš-[KUB XXII 51 Vs 12′; ^{URU}da-[KUB XL 99 Vs 5

¶ M. Forlanini, RIL 126 (1992).

Tahataruna

¶ M. Forlanini, Heth 8 (1987), S. 108 (bei → **Ištahara**).

Tahatauša* (?)

Gen. ta-ha-a-ta-u-uš-ša-aš KBo XXV 112 II 7′ = KBo XXV 114 Vs 4′(br.)

Wenn richtig als ON gedeutet, im Lande Zalpuwa am Schwarzen Meer, → **Kakumahima**.

Tahazimuna*

Akk. ^{URU}ta-ha-az-zi-mu-na-an HKM 27, 6; HKM 45, 4′(br.)
Stf. ^{URU}ta-ha-az-zi-mu-na HKM 36, 47
 ^{URU}ta-ha-zi-mu-na HKM 93, 3′

Ortsbestimmung: Im Bezirk → **Tapika**, s. → **Kašaša**.
¶ S. Alp, Bell 173 (1980), S. 48 Anm. 23, S. 58 (gr. Dazimon); M. Forlanini, Heth 5 (1983), S. 12, 16 Anm. 10; M. Forlanini, ASVOA 4.3 (1986) Tav. XVI 2) r.K. (Dazimon); M. Forlanini, Heth 8 (1987), S. 116 Anm. 32 (gr. Dazimon = Dazmana bei Turhal).

Tahišama*

Gen. URU*ta-hi-i-ša-ma-aš* KUB XLVIII 12 II 6'

«Wald von T.» bei → **Hašhatata** im Lande → **Zalpuwa** am Schwarzen Meer.
¶ M. Forlanini, ZA 74 (1984), S. 248.

Tahurpa

Gen. URU*ta-hur-pa-aš* StBoTB 1 III 98
Stf. URU*ta-hur-pa* KBo XXIV 125, 3'; KBo XXX 98 II$^?$ 2'
br. URU*ta-h[ur$^?$-* KUB LVIII 4 V 19' (nach M. Popko Hrsg.)

¶ M. Forlanini, SM 1 (1979), S. 180 Anm. 76 (Babalı 22 Km SÖ von Yozgat); M. Forlanini, ASVOA 4.3 (1986) Tav. XVI 2) m.K.

Taita

Stf. URU*ta-a-i-ta* KBo XXIII 113 III 17'
URU*da-i-ta* KBo XXIII 113 III 16'
akk. URU*ta-i-te* KBo XXVIII 65 Rs 5' (schon zitiert RGTC 6 S. 382 als unv. 2539/c)

¶ K. Kessler, *Untersuchungen* (1980), S. 85ff., 110ff.; RGTC 5 (1982), S. 256f.; W. Röllig, DM 1 (1983), S. 283.

Takalmuha

Stf. URU*ta-ag-gal-mu-ha* KBo XXV 23 Vs 4'
URU*ta-a-gal-m[u-* KUB LIV 50 I$^?$ 3'
URU*tág-gal-mu-ha* KBo XXII 243, 2' (schon zitiert RGTC 6 S. 383 als unv. 233/v)
t]a-a-ag-gal-mu-ha KBo XXV 23 Rs 8'

Vgl. KUB LIII 17 III 14' LÚ^{MEŠ} URU*x-x-mu-ha*: die Spuren in der Autographie sprechen gegen eine Einordnung hierher, obwohl der Kontext dazu paßt; sicher nicht = → **Šamuha** wie bei L. Jakob Rost Hrsg., Inh.

153

Takanunta*

Takanunta*

Nom. ^{URU}*da-ga-an-nu-un-ta-aš* StBoTB 1 I 78

Im Lande → **Tarhuntaša**, → **Munanta**.

Takanza*

Nom. ^{URU}*da-ga-an-za-aš* StBoTB 1 I 70

Im Lande → **Tarhuntaša**.

Takarama

Stf. ^{URU}*te-ka-ra-ma*[KUB L 91 IV 17'
^{URU}*te-qa-ra-ma* KUB LVIII 75 Rs 9', 10'
^{URU}*ti-ga-ra-ma* KUB LVIII 75 Rs 7'

«Man bringt die [Gott]heit von T. in seinen Tempel fort», KUB XLVIII 75 Rs 7' (br. magisches Ritual).
¶ M. Forlanini, ASVOA 4.3 (1986) Tav. XVI 3) r.K.; RGTC 4 (1991), S. 117.

Takašipa* (?)

br. [x *tá*]g[?]-*ga-še-ba*[?] KUB XLVIII 105 + KBo XII 53 Vs 25'

Zur fraglichen Lesung vgl. A. Archi – H. Klengel, AoF 7 (1980), S. 144. Unsicher allerdings, ob wirklich ON.

Takašta

Akk. ^{URU}*tág-ga-aš-ta-an* HKM 6, 21; HKM 7, 5(br.); HKM 47, 18
Abl. ^{URU}*tá*]g-*ga-aš-ta-za* HKM 17, 33
Stf. ^{URU}*tág-ga-aš-ta* HKM 47, 15; 102, 2, 18

Ortsbestimmung: «Siehe, die Späher habe ich (hinaus)geschickt. Sie gingen und [fingen an,] Taggašt[a] und Ukuduipuna auszuspähen» (vgl. S. Alp, Fs Otten [1988], S. 1), vgl. HKM 6, 17-23 u. → **Malazija**. Personennamen: Tamiti, HKM 102, 2; Pišgatalli, HKM 102, 18.
¶ M. Forlanini, Heth 8 (1987), S. 118 Anm. 51 (zwischen Havza und Samsun); RGTC 4 (1991), S. 112f.

154

Takata

Abl. $^{HUR.SAG}$*tág-ga-ta-za* KUB LIX 51 I 8' (= KUB II 2 I 49)

Takiputa

Stf.   É.GAL *ták-ki-pu-ud-da* KUB XLVI 17 IV 1
        É *ták-ki-pu-ut-ti* KUB LVIII 61 I 14'
        É *ták-ki-*[IBoT IV 108, 5'

KUB XLVI 17 Rs IV 1-4 Kultordnung für den «Wettergott von Zipalanta des Palastes von T.»: Herbstfest. Z. 3-4: «Die Gottheit ist vorhanden, ein Tempel nicht; man feiert nicht (weitere) Feste». In KUB LVIII 61 Vs I 14'ff. liefert das «Haus von T.» Schafe einem NIN.DINGIR-Festritual für Katahha; ähnlich wohl IBoT IV 108.

Taknijara

hur.   *ták-ni-ia-ar-ri* (KBo XXXIII 2 +)KUB XLV 1 III 11' = ChS 1 (1984),
        S. 127, 29''

«Worte des Lasursteines» (ebd. 10' = 28'').
¶ E. Laroche, RHA 24 (1966), S. 177; RHA 35 (1977), S. 209.

Takpata* (?)

        $^{UR]U?}$*ta-a-ak-pa-at-ta* KBo XVII 13 + KBo XXV 68 I 11'

Zur fraglichen Lesung vgl. E. Neu, StBoT 25 (1980), S. 143 Anm. 477. Bruchstück eines Festritual, an dem die «Leute von Hanhana» (Rs 4) teilnehmen, s. auch Berg → **Takurka**.

Takupš/ta

¶ RGTC 4 (1991), S. 123.

Takurka

Stf. $^{HUR.SAG}$*ta-kur-ka* KBo XVII 13 + KBo XXV 68 I 9'
        $^{HUR.SAG}$*ta-kur-ga* KBo XXIII 89, 10'
        ^{KUR}*ta-gur-qa* KUB LVIII 36 I 19'

Tala

Adv.   *tág-gur-ku-um-ni-li* KUB LVIII 5 I 6'

Göttlicher Berg, verehrt in → **Hanhana** (KBo XXIII 89, 1'-11') zusammen mit dem Wettergott von → **Atalhazija** (ebd. und KUB LVIII 36). *tág-gur-ku-um-ni-li* wird von M. Popko Hrsg. als Sprachadverb («in der Taggurka-Sprache»), von G.F. del Monte, OA 28 (1989), S. 164 als Adverb schlechthin («cantano alla maniera di Takurka») interpretiert; nach S. Košak, ZA 80 (1990), S. 146, wäre es «eher eine Örtlichkeit» und von dem ON zu trennen.

Tala

¶ RGTC 4 (1991), S. 34f.

Talawa

¶ J. Freu, *Luwiya* (1980), S. 317f. (Tlos in Lykien «ou "le dème des Tloioi" en Pérée rhodienne»); M. Forlanini, ASVOA 4.3 (1986) Tav. XVI 7) r.K. (Tlos in Pisidien); M. Poetto, *Yalburt* (1992), § 26ff. (hier. *tala-wa*(URBS) = Tlos in Lykien).

[Talija*]

URU TAL-*ia-aš*[(-) KUB LVII 108 III 5

Als ON von A. Archi Hrsg. S. IX interpretiert. Trotz der in solchen Kultordnungen ungewöhnlichen hethitischen Komplementierung möchten wir die Übersetzung vorschlagen: «12 *parīsu* (Weizen (ZÍZ) o.ä.) [liefert regelmässig] die Stadt», also URU-*ri-ia-aš* statt des üblichen URU*^{LUM}* (passim auch in demselben Text) zu lesen.

Talmalija

Nom.   URU*tal-ma-li-ia-aš* KUB XLVIII 107 I 11 (schon zitiert RGTC 6 S. 390 als unv. Bo 2525)
Akk.   URU*tal-ma-li-an* KUB V 1 + KUB LII 65 IV 11
br.   URU*tal-ma-l*[*i*- HKM 88, 2'

¶ M. Forlanini, RIL 126 (1992).

Talwišuwanta*

Nom. ^{URU}*ta-al-ú-i-šu-wa-an-ta-aš* StBoTB 1 I 80

Im Lande → **Tarhuntaša**.

[Tamaha] → Šamaha

Tamalkija

¶ B.J. Collins, Or 56 (1987), S. 136ff.

Tamininka

Stf. ^{URU}*ta-me-ni-in-ga* KUB XLV 33 Vs 4, 12, 15, 17(br.)
^{URU}*ta-me-ni-in-qa* KUB XLV 32 III 14', 19', IV 6'
^{URU}*ta-mi-ni-in-qa* KUB XLV 32 III 11'

br.]-*in-ga* KBo XXXIV 72 Rs 5'

Tamišruna

Vgl. → **Arina**.
¶ M. Forlanini, SMEA 22 (1980), S. 75.

Tamita

Dat. ^{URU}*ta-me-it-ta-ia* KUB XLVIII 105 + KBo XII 53 Rs 16

Irrig als Stf. zitiert RGTC 6 S. 393 als unv. VAT 7461.

Ortsbestimmung: Im Lande → **Turmita**: «In T.: Wettergott des Marktes, Anzili. Der König hat dieses bestimmt: 1 Haus 10 Deportierte des Priesters, 1 Haus 10 Deportierte des [...], 1 Haus 10 Deportierte des [...], Leute [...] gibt der König von Tumana».
¶ M. Forlanini, Heth 6 (1985), S. 50 («représentait la limite septentrionale de la province de Durmitta, à placer près de l'Elma Dağ»).

Tamnašara*

Nom. HUR.SAG^{MEŠ} *dam-na-aš-ša-ru-uš* StBoTB 1 I 43

Tamuri[*

Zwischen → **Šinuwanta** und dem **Hulaja**-Flußland.
¶ H. Otten, StBoTB 1 (1988), S. 35

Tamuri[*

$^{HUR.SAG}$*ta-am-mu-ri-x*[KBo XXV 162, 4

Liste von (göttlichen?) Bergen.

Tanija → **Tawinija**

Tanipija → **Tinipija**

Taniškurija*

Dat. ^{URU}*ta-ni-iš-ku-ri-ia* KBo XXVI 185 Rs 3′; KUB LIII 14+ II 16
Stf. ^{URU}*ta-ni-iš-ku-ri-ia* KBo XXVI 185 Rs 4′; KUB LIII 14+ II 17, 28
Br. ^{URU}*ta-ni-*[KUB LIII 16 V! 3′; ^{URU}*ta-a-*[KUB LIII 6 V! 2′

Kultplatz in den Festritualen für Telipinu von → **Kašha**, daher in der
Umgebung von → **Hanhana** zu suchen.
¶ V. Haas – L. Jakob-Rost, AoF 11 (1984), S. 14.

Tanizila

Akk. ^{URU}*ta-ni-zi-la-an* KUB XLIX 24 Rs 17′; KUB XLIX 88 II 9

Tanuna*

akk. KUR *ta-nu-ú-na* KBo XXVIII 25:7′

¶ J. Freu, *Luwiya* (1980), 205ff.; M. Forlanini, VO 7 (1988), S. 141ff.

Tapala

Stf. $^{HUR.SAG}$*ta-pa-a-la* KBo XXX 69 III 23′(bis), 32′

Tapalka

br. ^{URU}*ta-*[

Ergänzt nach H. Otten – Chr. Rüster Hrsg., Inh. S. XIII. Festritual (vgl. 2'-4' Trankopfer mit Gesang): 5'-8' «[...], die *umme'ānum*-Leute, die Marktvorsteher, [...], [...] Kaufleute von Kaniš [..., Kaufleute von] Šala-tiwara, [...], Kaufleute von T.», vgl. etwa die Reihenfolge der Götter in KBo IV 13 + KUB X 82 Vs I 39'-41'.

¶ M. Forlanini, ASVOA 4.3 (1986) Tav. XVI 5) l.K. (NW von Adıyaman).

Tapapanuwa

¶ M. Forlanini, SMEA 18 (1977), S. 203 (am Devrez Çay); M. Forlanini, ASVOA 4.3 (1986) Tav. XVI 5) m.K.

Tapapahšuwa

Nach M. Forlanini hier einzuordnen ^{URU}*ta-pa-pa-*[KUB XIX 39 II 6 gegen RGTC 6 S. 398
¶ M. Forlanini, RIL 126 (1992).

Taparla*

Stf.   ^{URU}*ta-pa-ar-la-a* KUB LVII 108 III 16

Zur Lesung vgl. auch M. Forlanini, Heth 10 (1990), S. 118. A. Archi Hrsg. liest: *ta-pa-ar-kar*. Br. Kultordnung, vgl. → **Anašipa**.

Tapaša[

Stf.   ^{URU}*ta-pa-aš-š*[*a-* KUB L 46 III 4'

Tapašawata*

Stf.   ^{URU}*ta-pa-ša-wa-at-t*[*a* KUB XL 110 Vs 10'
]-*ša-u-wa-at-ta* KUB XL 110 Vs 10'

Tapika

Nom. KUR ^{URU}*ta-a-pí-ka-a-aš* KUB XLVIII 105 + KBo XII 53 Rs 37
      (schon zitiert RGTC 6 s.v.)
Abl.   ^{URU}*ta-pí-ig-ga-za* HKM 46, 25

Taptaka

$^{URU}t[a\text{-}p]\acute{\imath}\text{-}ig\text{-}ga\text{-}az$ HKM 84, 7'

$^{URU}ta\text{-}p\acute{\imath}\text{-}iq\text{-}qa\text{-}a[z]$ HKM 66, 8; 84 Vs 10', Rs 13'

Stf. $^{URU}ta\text{-}p\acute{\imath}\text{-}ig\text{-}ga$ HKM 33, 32'; HKM 47, 12, 15; HKM 54, 8; HKM 66, 36; HKM 104, 7; HKM 107, 4; HKM 111, 20!

$^{URU}ta\text{-}p\acute{\imath}\text{-}iq\text{-}qa$ HKM 105, 10

$^{URU}da\text{-}a\text{-}p\acute{\imath}\text{-}iq\text{-}qa$ HKM 55, 6, 12

In KUB LVII 1 Vs 23]x-pí-i-ga(-), gelesen von A. Archi Hrsg. S. IX und von A. Hagenbuchner, THeth 16/2 (1989), S. 158f. als $^{URU}t]a\text{-}p\acute{\imath}\text{-}i\text{-}ga$, lies eher mit S. Košak, ZA 78 (1988), S. 309 $^{m}p\acute{\imath}\text{-}i\text{-}ga$(-).

Ortsbestimmung: Zur Identifizierung von T. mit Maşat Höyük s. vor allem die unten angeführten Beiträge von S. Alp. Dörfer und Städte im Bezirk T. nach KUB XLVIII 105 + KBo XII 53 Rs 37ff.: → **Anzilija, Ištiruwa, Kakatuwa, Zapišhuna.** HKM 104: «Insgesamt 200 Beile aus Bronze: 30 Beile in Kašipura, 20 Beile in Karahna, 20 Beile in Kašaša, 30 Beile in Inzili, 100 Beile aus Bronze oben auf T.»; HKM 105: «54 Sensen, darunter 8 Sensen der Hörigen, 25 Beile aus Bronze, darunter 1 Beile des Duwana!, 6 Dolche, darunter 1 Dolch der Hörigen: (Werkzeuge) des Dorfes Kašaša; Muiri und Nunu werden (sie) prüfen. 131 Beile aus Bronze, 21 Dolche in T.; Nunu und Muiri! werden (sie) prüfen», ähnlich HKM 107, 1-5; HKM 111, 19-23: «65 *parisu* Weizen (ZÍZ) in T.; Halpaili, Patija, Nunnu, Kilili, Kukuli werden (es) sähen».

¶ S. Alp, Belleten 164 (1977) a, S. 639ff. = Fs Laroche (1979), S. 31ff.; Belleten 173 (1980), S. 58f. (Maşat Höyük); M. Forlanini, SM 1 (1979), S. 178ff. (Maşat); J. Yakar, MDOG 112 (1980), S. 90ff. (nicht = Maşat); M. Forlanini, Heth 5 (1983), S. 15 Anm. 8 (bei Tokat?); M. Forlanini, ASVOA 4.3 (1986) Tav. XVI 1) m.K. (= Maşat Höyük).

Taptaka

Stf. $^{LÚMEŠ\ URU}ta\text{-}ap\text{-}t\acute{a}g\text{-}ga$ HKM 112, 1

Wohl identisch mit → **Taptika.**

Taptika

Stf.]ta-ap-ti-ig-ga HKM 103, 31

Ortsbestimmung: Im Bezirk → **Tapika.** HKM 103, 31-32: «[10 +]10 Arbeiter von T. 4[+ 2] *parisu* 4 *sūtu* (Gerste ihre Ration). NP der Vorsteher». Wohl identisch mit → **Taptaka.**

160

Taptina

^{URU}*tap-te-na* KUB LVIII 33 III 18'

Sehr unsicher DINGIR^{MEŠ} *da-ap-te-e-na* KUB LVIII 85 III 7', angeführt von Th.P.J. van den Hout, BO 48 (1991) 580.

Kultreise der Königin, KUB LVIII 33 III 8'-22': «Die Königin fährt [von] Nerik nach [Tašt]ariša, in Nerik aber schließt man (ihr Haus). Wenn die Königin die ... des *dahanga*-Kultraumes erreicht, verneigt sie sich und libiert. Wenn sie am *eja*-Baum ankommt, verneigt sie sich und libiert. Wenn sie Hapšušuka erreicht, verneigt sie sich und libiert. Wenn sie T. erreicht, verneigt sie sich und libiert. Wenn sie die *zikkanzipa*-Stele erreicht, verneigt sie sich und libiert. Dann fährt sie nach Taštariša hinauf». Nach Z. 24' («Am nächsten Morgen») dauerte die Kultfahrt einen einzigen Tag. Zum Text vgl. V. Haas, *Nerik* (1970) 260ff. und G.F. del Monte, OA 28 (1989) 165; dagegen (irrig) V. Haas, ZA 78 (1988) 293f. S. auch → **Tawatina**.

Taputa*

Stf.   ^{URU}*ta-[a]p?-pu-ta* FHL 31 Rs 7

Lesung nach E. Laroche, *Mém. Atatürk*, 1982, S. 74.

Taramika

¶ RGTC 4 (1991), S. 114.

Taranzaši[*

br.   ^{URU}*ta-ra-an-za-aš-š[i(-)* KBo XXXII 123 Vs? 5'

Tarapa*

Nom.   ^{URU}*ta-ra-a-pa-aš* StBoTB 1 I 54, 79

Grenzstadt zwischen → **Hawalija** und dem **Hulaja**-Flußland. Die «Speerleute» von T. werden den Göttern von Tarhuntaša überlassen.

Tarhuntaša

Tarhuntaša

Stf. KUR ^{URU.D}U-*ta-aš-ša* StBoTB 1 I 15, 64, 68, 86, II 4, 7, 12, 17, 22,
61, 69, 70, 80, 82, 93, 97, III 4, 9, 12, 14, 15, 23, 30, 61, 71, IV 4,
21, 26
KUR ^{URU.D}U-*aš-ša* KUB L 35 Rs? 28'
KUR ^DU-*ta-aš-ša* StBoTB 1 II 16, 63, 85, III 2, 19, 51, 59
^{URU.D}U-*ta-aš-ša* StBoTB 1 I 81, II 21, 24, 26, 29, III 56, 60, 62, 68
^{URU.D}U-*ta-ša* KUB XLIX 19 III 28'
^{URU.D}U-*aš-ša* KBo XXIII 113 III 23'; KUB L 122 Rs 1; KUB LVI
13 Vs 8', Rs 3', 23'

¶ J. Freu, *Luwiya* (1980), 234ff. (Meydancık Kalesi); M. Forlanini, ASVOA
4.3 (1986) Tav. XVI 6) r.K.; M. Forlanini, VO 7 (1988), S. 147ff.; Th. van
den Hout demnächst in *Studien zu den Bogazköy-Texten* (freundliche Mit-
teilung des Verfassers).

Taritara

¶ RGTC 4 (1991), S. 115.

Tarkulija → Tarmalija

Tarkuma

Stf. ^{URU}*tar-ku-ma* KUB LX 68, 8'

¶ M. Forlanini, RIL 126 (1992).

Tarmaimi

Nom. [KUR] *tar-ma-i-mi-iš* KUB LVII 106 II 21

Tarmalija

Stf. ^{URU}*tar-ma-l*[*i*- KUB XLIX 68, 4'

Nach A. Archi Hrsg. wäre Tarkulija zu lesen. Br. Orakelanfrage.
¶ RGTC 4 (1991), S. 115.

Tarša

¶ M. Forlanini, ASVOA 4.3 (1986) Tav. XVI 4) r.K.

Taruiša

¶ J. Freu, *Luwiya* (1980), S. 327ff.

Taruka

Stf.   KUR ^{URU}*ta-ru-uq-qa* KUB LVII 84 III 15'

KUB LVII 84 III 5'-15' (M. Forlanini, ZA 74 [1984] 257f.): «Die Leute von Tatima nehmen (die Opfertiere) und, während sie die *halputi*-polieren, schlachten sie auch jene (darauf), dann fahren sie nach Mišturaha. Die Leute von Mišturaha ergreifen drei Mädchen [in der Stadt ...? und die ...] nehmen sie; die Leute von Zihnuwa gehen in das Land Taruka und laufen zu 8 Städten hin: Tašpina, H., Inzilitipa, Tuntiraha, Kiziwar, Kapušku, Zuluza (und) Kaumar; sie sammeln Mädchen in diesen Städten und bringen sie nach Urima»
¶ M. Forlanini, SMEA 18 (1977), S. 202f. (um Boyabat); M. Forlanini, ZA 74 (1984), S. 252 mit Anm. 31, 258 Anm. 57 (in Paphlagonien?); M. Forlanini, Heth 8 (1987), S. 108, 116 Anm. 25 (um Duragan).

Taša*

Nom.   ^{URU}*da-a-ša-aš* StBoTB 1 I 59

→ **Šarantuwa**. Der Name, zusammen mit → **Tata**, erscheint in der Form **Tataši** in KBo IV 10 Vs 30 (RGTC 6 S. 413): man muß entweder in der Tontafel oder in der Bronzetafel eine Korruptel annehmen (vgl. auch → **Šurima**).

Tašaruka* (?)

Stf.   *t]a[?]-ša-ru-uq-qa* JCS 35 (1983), S. 195 Nr. 1, 3'

Lesung mit J.H. Jasanoff – D.I. Owen Hrsg., → **Ištitina**.

Tašhapuna

Stf.   ^{URU}*ta-aš-ha-pu-na* KUB LV 43 II 18, IV 17'

Tašhinija

Tašhinija

¶ B.J. Collins, Or 56 (1987), S. 136ff.

Tašimuwa*

Abl. ^{URU} *ta-ši-mu-az* KUB LX 148 I 11

In der Umgebung von → **Hatina** (br. Kultreise im Rahmen des «beständigen Festes» für den Wettergott von Nerik; vgl. → **Hapatha**).

Taškarmata*

^{URU} *ta-aš-kar-ma-at-ta* KBo XXVI 208, 4'

Zusammen mit der Stadt → **Tahalhata** erwähnt (br. Kultordnung).

Taškurija

Stf. $^{UR]U}$ *ta-aš-ku-ri-ia* HT 4, 11'
Eth. ^{URU} *tàš-ku-r[i-* KBo XXX 157 I 7'

Vgl. → **Arina**.
¶ M. Forlanini, SMEA 22 (1980), S. 77.

Tašmaha

¶ M. Forlanini, SMEA 18 (1977), S. 203 (bei Osmancık bzw. Laçin); M. Forlanini, ASVOA 4.3 (1986) Tav. XVI 5) m.K.

Tašpina

Stf. ^{URU} *ta-aš-pí-na* KUB LVII 84 III 17' =
t]a-aš-pí-e-na KUB LVII 82, 2'

Im Land → **Taruka**.

Taštariša

Dat. ^{URU} *ta-aš-ta-ri-iš-ši* KUB LIII 18 VI$^!$ 6 (= KBo XX 23 Vs 4)
Stf. ^{URU} *ta-aš-ta-ri-iš-ša* KUB LX 131, 2'
^{URU} *ta-aš-ta-ri-ša* KUB LVIII 33 III 9'(br.), 22'

-t]a-ri-eš-ša KUB LX 68, 5'

S. KUB LVIII 33 III 8'-22' → **Taptina** und vgl. KUB LIII 18 Rs VI 1-7
= KBo XX 23 Vs 1-5 (= E. Neu, StBoT 25 [1980], S. 161): «Wenn man
an Nerik herankommt, Nerik doch noch nicht erreicht hat, bricht man
das Brot und libiert Bier. − Wenn man am Morgen (das Tor des Tempels)
in T. öffnet, ...».
¶ M. Forlanini, RIL 126 (1992).

Tata I

Nom. ^{URU}*ta-at-ta-aš* StBoTB 1 I 58

S. → **Šarantuwa**. Der Name, zusammen mit **Taša**, erscheint in der Form
Tataši in KBo IV 10 Vs 30 (RGTC 6 S. 244): man muß entweder in der
Tontafel oder in der Bronzetafel eine Korruptel annehmen (vgl. auch →
Šurima).

Tata II

Stf. $^{HUR.SAG}$*ta-at-ta* KBo XXVI 156 Rs 4

Tatanija

¶ Kh. Nashef, *Reiserouten* (1987), S. 73; RGTC 4 (1991), S. 33f.

Tataša

¶ RGTC 4 (1991), S. 116.

Tatašuna

Stf. ^{URU}*ta-ta-šu-na* KUB LV 43 II 17, IV 17'
^{URU}*da-da-šu-na* KUB VI 8 Rs? 9'

Tati[

br. ^{URU}*da-at-ti-*[KBo XXXIV 203 Rs V 20'

Tatima*

Tatima*

Stf. ^{URU}*ta-at-ti-im-ma* KUB LVII 84 III 5'

In der Umgebung von → **Mišturaha**, s. → **Taruka**.
¶ M. Forlanini, RIL 126 (1992) (= → **Tatimuwa**).

Tatimuwa*

Akk.   *-t]i-mu-wa-an* KUB XXIII 36 + KUB XXXI 35 II 18 (nach M. Forlanini, RIL 126 [1992]).
Stf. ^{URU}*ta-ti-mu-wa* KUB LX 68, 6'

¶ M. Forlanini, RIL 126 (1992) (= → **Tatima**).

Tatiška

Stf.   *t]a-ti-iš-ga* IBoT IV 72, 3'

Tauriša

Stf.   *t]a-ú-ri-ša* KBo XXXIV 269, 4'
br. ^{URU}*ta-ú-*[KUB LX 45 Vs.$^?$ 5'
luw.   *]ta-ú-ri-ši-iz-za* KBo XXIX 25 III$^?$ 9' (Eth. Sg. Dat.)

Tawa*

Stf. ^{URU}*ta-a-wa* StBoTB 1 IV 30

Herkunftsort der Bronzetafel mit dem Vertrag Tuthalija IV – Kurunta von Tarhuntaša («Diese Tafel hat in T. ... der Schreiber Halwaziti ... geschrieben»), vgl. H. Otten, a.a.O., S. 53.

Tawana

¶ M. Forlanini, Heth 8 (1987), S. 107, 114f. Anm. 16 (= **Arina**?).

Tawaštija* (?)

Stf. ^{URU}*ta$^?$-wa$^?$-aš-ti-ia* KUB LVII 1, 24.

Lesung nach A. Archi Hrsg. In Zusammenhang mit Kriegshandlungen um → **Ištitina** und das **Tahara**-Flußland erwähnt (Brief des Hutupijanza, vgl. A. Hagenbuchner, THeth 16/2 [1989], S. 158f.).

Tawatina

Stf. ^{URU}*ta-wa-te-na* KUB XLIX 11 III 6

Orakelanfrage über Kriegshandlungen des Tattamaru um → **Ištitina**.

Tawinija

Nom.?]-*a-ú-i-ni-ia-aš* KBo XXXIV 167 I 4
Dat. ^{URU}*ta-a-ú-i-ni-ia* KBo XXXIV 167 I 1
Stf. ^{URU}*ta-a-ú-[i-n]i-i[a* IBoT IV 13, 11'
^{URU}*ta-ú-i-ni-ia* KUB XLVI 69 Rs 3'; KUB LV 5 IV 21', 23'; KUB LVI 46+KUB XLIII 48+KBo XVII 42 VI 17', 26'
^{URU}*da-a-ú-i-ni-ia* KBo XXV 18 IV 8'
^{URU}*ta-[ú-n]i-ia* KBo XXV 48 II 9
KUR ^{UR}[^{U}*da-a*]-*ú-ni-ia* KBo XVII 21+46+KBo XX 33+KBo XXV 19 Vs 30
^{URU}*da-a-ú-ni-ia* KBo XVII 9+20+KBo XX 5+KBo XXV 12+ABoT 5 III 15' (schon zitiert RGTC 6 S. 416 als KBo XX 5 Vs 3')
^{URU}*ta-wi$_5$-ni-ia* KUB LIII 35 II? 3'; KUB LIV 67 Rs 14'
^{URU}*ta-a-ni-ia* KBo XXV 167, 3'
br. ^{URU}*da-a-ú-[* KBo XX 26+KBo XXV 34 Vs 8';]-*ú?-i-ni-ia* KUB XLVIII 46 Rs 10a' (zur Ergänzung vgl. C. Kühne, ZA 70 [1981], S. 101); -*i]a* KBo XVII 43 I 5' (vgl. E. Neu, StBoT 26 [1983], S. 359).

Ortsbestimmung: KBo XXXIV 167 I 1-2 «[Wenn ...] von [H]attuša nach T. [fährt, sobald ...] auf dem Felsen ankommt».
¶ M. Forlanini, ASVOA 4.3 (1986) Tav. XVI 2) m.K. (bei Delice); RGTC 4 (1991), S. 116f.

Tazipa*

Stf. ^{URU}*da-zi-pa* KUB XLVIII 105+KBo XII 53 Vs 23'

Tazpurija* (?)

«30 Deportierte von T.» in einer Stadt im Land → **Turmita angesiedelt.**

Tazpurija* (?)

$^{URU?}$*ta-az-pu-ri-ia-x*[KBo XVII 13 + KBo XXV 68 I 10'

Zur fraglichen Lesung vgl. E. Neu, StBoT 25 (1980), S. 143 Anm. 476.

Ta-[x]-uma

Stf. ^{URU}*da-a-[x-]x-u-ma* KBo XXXIV 235 Vs 9'

Ti[

br. ^{URU}*ti-u*$^?$[- KUB LIX 6 IV 15'

Tihiha*

Stf. ^{URU}*te-hi-ha* KUB XLIX 88 II 10

Bei → **Tanizila**, in der weiteren Umgebung von → **Nerik** zu suchen (br. Orakelanfrage über Feldzüge eines Königs).

Tihšina

¶ M. Forlanini, SMEA 18 (1977), S. 201f. (Adadağ).

Tihulija

Stf.   ]-*hul-li-ia* JCS 35 (1983) S. 195 Nr. 1, 1'

Im Zusammenhang mit → **Ištitina** erwähnt.

Tijašili

Stf. ^{URU}*ti-ia-ši-li*(-)*ma* KUB XLIX 88 II 6

In der weiteren Umgebung von → **Nerik** (br. Orakelanfrage über Feldzüge eines Königs).

Tekarama → Takarama

Tikukuwa

¶ M. Forlanini, SMEA 18 (1977), S. 205 (bei Laçin).

Tilala* (?)

Nom. $^{URU}te^!$-el-la$^?$-la$^?$-aš KUB XLVIII 82, 4'

Kriegshandlungen des Šuppiluliuma um → **Ištahara**.

Tiliura

¶ M. Forlanini, SM 1 (1979), S. 184 Anm. 101; RGTC 4 (1991), S. 119.

Timilkija

¶ Kh. Nashef, *Reiserouten* (1987), S. 5; RGTC 4 (1991), S. 119f.

Timuhala

¶ M. Forlanini, SMEA 18 (1977), S. 202f. (um İskilip); M. Forlanini, ASVOA 4.3 (1986) Tav. XVI 5) m.K.

Tinipija

¶ RGTC 4 (1991), S. 121; M. Forlanini, Fs Alp (1992), 176 (westlich von Kayseri).

Tinizidaša*

Stf. ^{URU}te-ni-zi-da-ša KUB XLVIII 105 + KBo XII 53 Vs 36'

Im Land → **Turmita**: «T.: für die Gottheit Pirwa hat Seine Majestät dieses bestimmt: 4 Häuser, [darin 40 Deportierte], Pferdehirten. 4 Rinder (und) 30 Schafe wird der König von Tumana geben. 30 *parīsu* [Saatgetreide wird der Dreschplatz leisten]».

Tipija

¶ M. Forlanini, SMEA 18 (1977), S. 215ff. (um Eskişehir); M. Forlanini, ASVOA 4.3 (1986) Tav. XVI 5) m.K.

Tipurzija

Tipurzija

¶ RGTC 5 (1982), S. 260.

Tipuwa II

Stf.   HUR.SAG*ti-ip-pu-wa* KUB LV 1 IV 10

«Die Dörfer, die um den Berg T. herum (liegen), pflegten das *harpija*-Fest für die Gottheit im Frühling zu feiern».

Tirumna

¶ M. Forlanini, VO 7 (1988), S. 152 (um Konya).

Tišama

¶ RGTC 4 (1991), S. 112.

Tišarulija

Stf.   URU*ti-iš-ša-ru-li-ia* KUB LVIII 48 IV 7′, 12′; KUB LIX 22 II 7′(br.)

br.   URU*ti-i*[*š*- KBo XII 32, 4′; *t*]*i-iš-ša-r*[*u*- KBo XII 32, 2′

Tišiša*

Stf.   UR]U!*ti-eš-ši-iš-ša* KUB LX 68, 7′

Tišita

¶ M. Forlanini, SMEA 18 (1977), S. 205 (um Çorum).

[Titeš...] → Kilišra

Titumna*

Stf.   URU*te-du-um-na* KUB LVII 108 II 22′

URU*te-tu*[*m*- KUB XXVI 67 II? 3′ (nach J. Siegelová, *Verwaltungspraxis* [1986], S. 164 Anm. 5)

170

KUB LVII 108 Br. Kultordnung, vgl. → **Anašipa, Šuwanzana, Taparla, Wanata, Uta.**
¶ M. Forlanini, Heth 10 (1990), S. 118.

[Tituwa]

So von S. Alp, TTKY VI/34 (1991), S. XXX angeführt. Wegen Raum-gründen eher [^{URU}x-i]š?-ti-du-wa-a-aš (Gen.) HKM 103, 29 zu lesen.

Ortsbestimmung: Im Bezirk → **Tapika.** HKM 103, 29-30: «22!? Arbeiter von ON. 7!? *parisu* (Gerste ihre Ration); Tuttu (und) Kurunta die Vorsteher».

Tiura

Abl. ^{URU}*ti-i-ú-ra-az* KUB LV 14 Rs 11'

Kultordnung für den Wettergott von → **Hašuna**: «Wein [liefert man] von T.».
¶ M. Forlanini, Fs Alp (1982), S. 178 (im Land → **Wašhanija**; M. Forlanini, RIL 126 (1992) (nicht = Tiwara).

Tiwalija

Ab. ^{URU}*ti-wa-li-ia-za* HKM 48, 15

Ortsbestimmung: Wohl Dorf im Bezirk → **Tapika.** Vgl. → **Arina.**
¶ M. Forlanini, SMEA 22 (1980), S. 75f.

Tiwara

Nom. ^{URU}*ti-wa-ra-aš* KUB XLVIII 107 I 4
Abl. ^{URU}*ti-i-wa-ra-az* HKM 89, 11

KUB XLVIII 107 schon zitiert als unv. Bo 2525 RGTC 6 S. 320 s.v. **Piwara.** Lesung von H. Klengel Hrsg., Inhaltsübersicht, verbessert.
¶ M. Forlanini, RIL 126 (1992).

Tiwataša

¶ J. Freu, *Luwiya* (1980), S. 264f. (Toprak Tepesi).

Tuhpiliša

Tuhpiliša

¶ M. Forlanini, SMEA 18 (1977), S. 205 (um Çorum).

Tuhuluka → Zahaluka

Tuhupija

br.　^{URU}*tu-u-hu-u[p$^?$-/p[i$^?$-* KUB LV 43 I 20 (schon zitiert RGTC 6 S. 434 als unv. Bo 2392+5138)

¶ RGTC 4 (1991), S. 122f.

Tuhušina*

Stf.　^{URU}*tu-u-hu-ši-na* KBo XXIV 128 Vs 4′

Bei → **Šapinuwa**, a.a.O. Vs 1′-5′ (Orakelanfrage): «Man [geh]t (und) die erbaute Stadt Šapinuwa—man bringt dort die [Götter], welche Seine Majestät nennen wird, [und] man wird sie in Šapinuwa errichten. Für die großen Götter aber wird man Tempel in T. bauen [und] man wird [sie] dort errichten». Vgl. aber auch → **Arina**.
¶ M. Forlanini, SMEA 22 (1980), S. 76 (= **Tuhišuna** = **Tuhašuna**).

Tukriš

hur.　*du-uk-ri-šu-u-ha* KBo XXVII 85+KBo XXXIII 1 Vs 17′

TÚL.GAL*

KUR$^?$ ^{URU}TÚL.GAL KUB LVI 2 III 4 = 5 III 5 = StBoT 1 Taf. VII (Texte R und V), dazu StBoT 1 (1965), S. 26 Anm. 3

Tuma

Nom.　]*tum-ma-aš* KUB LVII 88 I 8′

Als Spender für das Herbst- und Frühlingsfest (vgl. ^{DUG}*h[ar-ši-ia-al-li* Vs I 7′) für den Berg → **Tuwajan[** (br. Kultordnung).

172

Tumana

Stf. KUR ^{URU}*tu-um-ma-na* KUB XLVIII 105 + KBo XII 53 Vs 3', 35',
37', 41', Rs 2
KUR ^{URU}*du-um-ma-an-na* KUB XLVIII 105 + KBo XII 53 Rs 5(br.),
10, 24(br.), 26, 33 (letzteres = KBo XII 53 Rs 9', irrig unter
Tumanta RGTC 6 S. 438 zitiert: lies trotz der Autographie -*an-na*[1])
KUR ^{URU}*du-ma-an-na* KUB XLVIII 105 + KBo XII 53 Rs 13(br.),
19, 21, 29(br.)
^{URU}*tu-um-ma-na* KUB XLVI 45 Rs? 15'
^{URU}*tu-ma-an-na* KUB XLVI 37 Rs 6
^{URU}*tu-u-ma-*[KUB LX 26 Vs 4

Vgl. KUB XLVI 37 Rs 6: «[...] fährt nach Nerik, dann fährt er weiter
nach T.». Der «König von T.» wird als Lieferant von Vieh an verschiedene
Dörfer von den Ländern → **Turmita**, **Kašija** und **Tapika** in KUB XLVIII
105 + KBo XII 53 erwähnt; danach sind auch die Stellen bzw. Übersetzungen aus KBo XII 53 und KUB XXXVIII 26 in RGTC 6 S. 438 s.v.
Tumanta hier einzuordnen.
¶ M. Forlanini, SMEA 18 (1977), S. 202f. (um Kastamonu); A. Archi –
H. Klengel, AoF 7 (1980), S. 154; RGTC 4 (1991), S. 124f.

Tumanta

¶ M. Forlanini, SMEA 18 (1977), S. 215ff. (um Gerede bzw. Göynük).

Tuna

Gen. ^{URU}*du-un-na-aš* KUB LVII 87 II 9; StBoTB 1 IV 1
Stf. ^{URU}*du-un-na* StBoTB 1 II 15

Vgl. KUB LVII 87 Vs II → **Hurnija**.
¶ J. Freu, *Luwiya* (1980), S. 247 (Tynna/Zeive); M. Forlanini, VO 7 (1988),
S. 138f. mit Anm. 44 (Tynna/Parsuk «sulla strada delle Pylae fra Ulukışla
e Pozantı»); RGTC 4 (1991), S. 36f.

Tunijari

¶ M. Forlanini, VO 7 (1988), S. 132f. (Bolkardağ?)

Tunip

Tunip

akk. KUR ^{URU}*du-ni-ip* KBo XXVIII 57, 8'
^{URU}*tu-ni-ip* KBo XXVIII 79 Vs 7'
^{URU}*tu$_4$-ni-ip* KBo XXVIII 57, 4'

Tunta

hur. ^{URU}*du-un-t[a-hi* KBo XXII 162 Rs 4'
^{D}*du-un-ta-hi* KUB XLV 41 II 16'

Tuntiraha*

Stf. ^{URU}*tu-un-te-ra-ha* KUB LVII 84 III 18'

Im Land → **Taruka**.

Tupa

Stf. ^{URU}*du-ú-pa* KUB XLVIII 122+ IV 4; KUB LVI 31 IV$^?$ 23'

¶ H. Klengel, KUB LVI Inh. ad Nr. 31 (mit weiterer Literatur; «wohl Tell Umm el-Marra südöstlich von Aleppo?»).

Tupazija

Stf. KUR ^{URU}*tu-u-pa-az-zi-ia* HKM 96, 19'

¶ M. Forlanini, VO 7 (1988), S. 134.

Tupiša*

Nom. ^{URU}*tu-u-pí-ša-aš* StBoTB 1 I 54

Grenzstadt zwischen → **Hawalija** und dem **Hulaja**-Flußland.

Tupita*

Gen. ^{URU}*du-pí-it-ta-a-aš* HKM 103, 12

Ortsbestimmung: Im Bezirk → **Tapika**. HKM 103, 12-13: «15 Arbeiter von T. Šauššili der Vorsteher. 5 *parisu* (Gerste ihre Ration)».

174

Turmita

Nom.   *t]úr-mi-it-aš* KUB LIII 42 r.Kol. 5'

Stf.   KUR ᵁᴿᵁ*túr-mi-it-ta* KUB XLVIII 105 + KBo XII 53 Vs 19' (schon
zitiert RGTC 6 s.v.), Rs 30
ᵁᴿᵁ*túr-mi-it-ta* KBo XXV 192 Vs 3(br.), 4; KBo XXX 64 Vs 3(br.);
KUB XLVIII 105 + KBo XII 53 Rs 20; KUB LV 43 I 24, lk.Rd. 7
(schon zitiert RGTC 6 S. 442, 444 als unv. Bo 2393 + 5138); KUB
LVI 34 IV? 12'; KUB LVI 51 I 24
KUR *túr-mi-it-ta* KBo XXII 264 I 2'

br.   KUR ᵁᴿᵁ*túr-mi-[* KUB XLVIII 83, 10'

Vgl. ᵈ*t]úr-mi-it-ti-ia-aš* KUB LI 2 Vs 5' (nach M. Popko, Or 55 [1986],
S. 475).

Ortsbestimmung: Vgl. KBo XXV 192 Vs 3-4 (Bruchstück eines Festrituals): «[... fährt] von Hattuša [nach] T. Als [er] T. [erreicht] ...». Die
Kultordnung KUB XLVIII 105 + KBo XII 53 beschreibt der Reihe nach
die Bezirke → **Wašhanija, T., Kašija, Tapika**. Als dem Bezirk T. gehörig
werden Vs 19'-Rs 30 folgende (soweit erhaltene) Ortsnamen erwähnt:
**Ninaša, Uwalma, Tinizidaša, Pitanijaša, Malitaškurija, Kalašmita, Tami-
ta** (vgl. unter den einzelnen Ortsnamen), ferner die Stadt T. selbst, Rs
20-22: «In T.: den Göttern hat [Seine Majestät dieses] bestimmt: 4 Häuser,
darin 40 von früher her bestandene Deportierte; 150 Deportierte des PN.
[...] wird [der König von] Tumana geben; 20 Rinder; ᴳᴵˢTUKUL-Dienst
leistet man; [...] gibt [...]».
¶ M. Forlanini, SMEA 18 (1977), S. 203ff. (um Çankırı); M. Forlanini,
SM 1 (1979), S. 174ff. (nördlich des Tuz Gölü); M. Forlanini, Heth 6
(1985), S. 48ff. («entre le Kizil Irmak et la côte nord-orientale du Tuz
Gölü»); M. Forlanini, ASVOA 4.3 (1986) Tav. XVI 2) r.K.; RGTC 4
(1991), S. 124ff.; M. Forlanini, Fs Alp (1992), S. 179 (am Fluß Marašanta
unterhalb von → **Ninaša**.

Tušara

¶ M. Forlanini, SMEA 18 (1977), S. 215ff. («nella catena che si estende
dall'Ulu Dağ di Bursa fino a nord del Porsuk Çay»).

Tušilaši

Tušilaši

Vgl. → **Arina**.

¶ M. Forlanini, SMEA 22 (1980), S. 75f.

Tušimna*

Stf.   URU*tu-uš-š[i]-im-na* KUB XLII 28 + Bo 6119 IV 14′

Vgl. J. Siegelová, *Verwaltungspraxis* (1986), S. 152.

Tutul

Abl.   URU*du-ud-du-la-az* KBo XXVI 82, 5, 7 (schon zitiert RGTC 6 S. 446 als unv. 985/v)

¶ E. Strommenger, MDOG 109 (1977), S. 5ff. (Tall Bi'a bei Raqqa).

Tuwajan[*

Stf.   HUR.SAG*tu-wa-ia-an-x*[KUB LVII 88 I 6′

S. → **Tuma**.

Tuwanuwa

Stf.   URU*du-wa-nu-wa* KUB LVI 51 I 9

S. → **Hupa**.

[Tuziparuwa] → Ziparuwa

U

Uhiuwa

Stf. ^{URU}*u-uh-hi-u-wa* KUB XLVIII 105 + KBo XII 53 Vs 14' (schon zitiert RGTC 6 s.v.)

Im Land → **Wašhanija**.

Uhušmani

br.]-*šu-ma-an* KBo XXVIII 114 + KUB III 1a + Rs 28'

Ukapuwa

¶ M. Astour (1992), S. 9ff.

Ugarit

Stf. ^{URU}*ú-ga-ri-it-ta* KUB XLII 84, 24
-*g]a-ri-it-ta* KBo XXXIV 90, 17'
akk. KUR *ú-g[a*$^?$- KBo XXVIII 91, 9' (nach H.M. Kümmel Hrsg.)

Ukija

Stf. ^{URU}*uk-ki-ia* StBoTB 1 IV 43

«Halwaziti, der Schreiber, Sohn des Lupakki, Mann von U., hat (es) geschrieben».

KUR UGU → Oberes Land

Ukura*

Nom. ^{URU}*uk-ku-ra-aš* KUB LIX 4 I 6'

Br. Kultordnung (Vs I 9': *hijara*-Fest).

Ukutuipuna*

Akk. ^{URU}*ú-ku-du-i-pu-na-an* HKM 7, 6

«(Die Späher) gingen und [fingen an], Taggašt[a] und Ukuduipuna auszuspähen», s. S. Alp, Fs Otten (1988), S. 1

Ulama

¶ RGTC 4 (1991), S. 127f.

Uliwanta → Waliwanta

Ulpina*

Stf. ^{URU}*ul-pí-na* KBo XXXII 224 Rs 5'

Uluna* (?)

Stf.]*u$^?$-lu-ú-na* KUB LVII 108 II 18' (nach A. Archi Hrsg.)

Kultordnung: «[In] U$^?$.: Göttin Išhašara: [...] aus dem Land gibt man [x Schaf(e)] (und) 3 *parīsu* Emmer». Vgl. → **Anašipa, Šuwanzana, Taparla, Wanata, Uta**.

Ulušhina*

Stf. ^{URU}*ú-lu-uš-hi-na* KUB LX 140 Rs 19'

Ulušna

¶ M. Forlanini, ASVOA 4.3 (1986) Tav. XVI 2) m.K. (südlich von Hattuša).

Unteres Land

¶ M. Forlanini, ASVOA 4.3 (1986) Tav. XVI 5) m. und r. K.

Uparpaša

¶ J. Freu, *Luwiya* (1980), 202 (Aladağ).

Upašana*

Nom. ^{URU}*up-pa-aš-ša-na-aš* StBoTB 1 I 47, 76
Akk. ^{URU}*up-pa-aš-ša-na-an* StBoTB 1 I 46

Grenzstadt zwischen → **Zarnušaša** und dem **Hulaja**-Flußland.

Ura I

Akk. ^{URU}*ú-ra-a-an* KUB XLIX 11 II 22'
Stf. URU.DU$_6$$^{HI.A}$ *ŠA* ^{URU}*ú-ra-a* KUB XLIX 11 II 21'

Kriegshandlungen des Tattamaru und des Anführers der Leibgarde in der weiteren Umgebung von → **Ištitina**.

Ura II

¶ J. Freu, *Luwiya* (1980), 234ff. (an der Mündung des Göksu); M. Forlanini, ASVOA 4.3 (1986) Tav. XVI 6) r.K.; M. Forlanini, VO 7 (1988), S. 145f. (Silifke am Göksu).

Uraka → Uruk

Urata → Warata

Urauna I

Stf. ^{URU}*u-ra-ú-na* KUB L 122 Vs 14'

Urauna II*

Stf. $^{HUR.SAG}$*u-ra-u-na* KUB LVII 68 Rs 21'

Urhiša*

Neben dem Berg → **Mahara** erwähnt (br. Orakelanfrage).

Urhiša*

Nom. URU*úr-hi-ša-aš* KBo XXXIII 216 Rs? 6

Urikina

Stf. URU*u-ri-ki-na* KBo XXIV 131 Vs 27'; KUB XLVIII 117 Vs 4; KUB
XLIX 17 IV 14', 16'; KUB LII 44 I 1', 5'; KUB LVI 28 Vs 5'(br.);
KUB LVI 30 Rs 4'; KUB LX 100 Vs 13'
URU*ú-ri-ki-na* KUB XLVIII 125 II? 2'; KUB LX 100 Vs 3'(br.), 10',
18'(br.)

br. URU*ú-ri-*[KUB LI 34, 9' (?)

¶ M. Forlanini, ASVOA 4.3 (1986) Tav. XVI 3) l.K. (Şarkışla); M.
Forlanini, Heth 10 (1990), S. 123 Anm. 16.

Urima*

Stf. URU*ú-ri-im-ma* KUB LVII 84 III 23'

Vgl. → **Taruka**.

Urišta

Stf. URU*ú-ri-iš-ta* KBo XXIV 117 r.Kol. 9'(br.); HKM 57, 11

HKM 57, 10-12: «Dieser Kaštanda, der ein Diener des Priesters von U.
ist».

Urkiša

hur. UR.KI.NA KBo XXVII 214 Rs V 2

Unsicher, ob wirklich hier einzuordnen.
¶ K. Kessler, *Untersuchungen* (1980), S. 224f.

Uršapikanuwa* (?)

Stf. *u*]*r*?*-ša-pí-kán*?*-nu-wa*(-*ia*) HKM 24, 44

180

Lesung mit S. Alp, TTKY VI/34 (1991), S. XXX.

Uršu

¶ E. Laroche, RHA 35 (1977), S. 285; K. Kessler, *Untersuchungen* (1980), S. 82; M. Forlanini, ASVOA 4.3 (1986) Tav. XVI 5) l.K. (um Gaziantep); B.J. Beitzel (1992), S. 54ff.; RGTC 4 (1991), S. 130.

Uruk

Eth. ^{URU}*ru-kum-ni* KBo XIX 120 II 7

«In Feld (und) Flur von U.» (Gilgameš-Epos), Dativ aus einem (ah) Zugehörigkeitsadjektiv **Urukuman* mit einer beim Diktat entstandenen *sandhi*-Schreibung zwischen "Determinativ" und ON.
¶ Warkā', RGTC (1974), S. 212ff.; RGTC 1 (1977), S. 171ff.; RGTC 3 (1980), S. 250f.; RGTC 5 (1982), S. 275f.

Ururuwa

¶ M. Forlanini, SMEA 18 (1977), S. 215ff. (um İznik).

Uruša

¶ M. Forlanini, ASVOA 4.3 (1986) Tav. XVI 5) l.K. (Arsuz; nicht = Waršuwa).

Uša

Abl. ^{URU}*u-uš-ša-az* StBoTB 1 I 32
Stf. KUR ^{URU}*u-uš-ša* StBoTB 1 I 34
^{URU}*u-uš-ša* KUB XLVIII 118 I 1; KUB L 91 IV 9', 13'; KUB LIV 70, 4'; KUB LVI 20, 7, 17; KUB LVI 22, 3'; KUB LVII 87 II 1

¶ W. Schramm, Or 52 (1983), S. 458ff. (= Sam'al); M. Forlanini, Heth 6 (1985), S. 63 Anm. 76 (Karahüyük bei Konya); M. Forlanini, ASVOA 4.3 (1986) Tav. XVI 6) r.K.; M. Forlanini, VO 7 (1988), S. 135f., 150 (Karahüyük bei Konya); RGTC 4 (1991), S. 130f.

Ušaula*

Ušaula*

Abl. ^{URU}u-ša-u-la-az StBoTB 1 I 50

An der Grenze des **Hulaja**-Flußlandes, zwischen → **Zarwiša** (mit Berg **Šarlaimi**) und **Hawalija**: «Von U. aus aber (sind) ihm Hašuwanta, Mila, Palmata, Hašhaša, Šura, Šimuwanta die Grenze, diese Dörfer aber gehören dem Hulaja-Flußland».

Uta

Abl. ^{URU}u-da-az KBo XXIV 130 I 16′
Stf. ^{URU}u-da KUB XLVIII 93, 3′; KUB L 1 II 6′; KUB LI 34, 2′(br.);
      StBoTB 1 III 84, 89
      $^{URU}ú$-da-a KUB LVII 108 II 12′

¶ M. Forlanini, ASVOA 4.3 (1986) Tav. XVI 3) l.K.; M. Forlanini, Heth 10 (1990), S. 109ff (U. I in «la petite plaine au sud de Develi, avec ses centres hittites de Fıraktın et Şahmelek; U. II [in KUB LVII 108; s. Berg → **Šarpa**] = Hyde beim Karacadağ); M. Forlanini, Fs Alp (1992), S. 178.

Utana*

Stf. LÚ^{MEŠ} ^{URU}u-da-an-na KUB XLV 58 + HT 92 Rs III 10′

A.a.O. 7′-11′: «Von jedem Obstbaum ein Zweig ist abgeschnitten; was der «Bürger?» von dem Berg Amana hergebracht hat, bringen!? es aber die Leute von U. hin [und] tragen es auf den Berg fort», vgl. C.-G. von Brandenstein, Or 8 (1939), S. 76f.

^{D}U-taša → Tarhuntaša

Utima

¶ J. Freu, *Luwiya* (1980), S. 319 (Idyma in Karien).

Utkuniša*

Stf. ^{URU}UD-ku-ni-ša[KUB XLIX 11 III 24

Lesung nicht ganz sicher. Orakelanfragen über Kriegshandlungen in der weiteren Umgebung von → **Ištitina**.

UD-tini (?)

LUGAL KUR ^{URU}UD-*ti-ni* KUB LV 35 Rs 6'

Utrulija*

Abl.   ^{URU}*ut-ru-li-az* KUB XXII 70 Vs 16

Lesung nach A. Ünal, THeth 6 (1978), S. 58, 110f. Der ON Wurulija RGTC 6 S. 486 ist daher zu streichen.

Utruna

Abl.   ^{URU}*ut-ru-na-za* KUB XLVIII 119 Vs? 9'
Stf.   ^{URU}*ut-ru-na* KBo XXVII 60:5'; KUB XLVIII 121 Vs 1
br.   ]-*ru-na* KUB XLVIII 119 Vs? 2'

Uwahšuwanta → Wahšuwanta

Uwalma → Walma

W

Wahšušana

¶ M. Forlanini, Heth 6 (1985), S. 46ff. («non loin de la côte septentrionale du Tuz Gölü», z.B. Göl Hüyük bzw. bei Şerefli Koçhisar); RGTC 4 (1991), S. 133ff.

Wahšuwanta*

Gen. ^{URU}ú-wa-ah-šu-wa-an-ta-aš HKM 103, 10
Stf. ^{URU}wa-ah-šu-wa-ta HKM 111, 12

Ortsbestimmung: Im Bezirk → **Tapika**. HKM 103, 10-11: «8 Arbeiter von W. Zuwa der Vorsteher. 2 *parisu* 4 *sūtu* (Gerste ihre Ration)».

Wala*

Nom. ^{URU}wa-la-aš StBoTB 1 I 66

Grenzstadt zwischen → **Walma** und dem **Hulaja**-Flußland.

Walarima

¶ J. Freu, *Luwiya* (1980), S. 311; M. Forlanini, ASVOA 4.3 (1986) Tav. XVI 7) r.K. (nicht = Hyllarima!).

Walipa*

Nom. ^{URU}wa-li-ip-pa-aš StBoTB 1 I 66

Grenzstadt zwischen → **Walma** und dem **Hulaja**-Flußland.

Walištaša*

Nom. ^{URU}wa-li-iš-ta-aš-ša-aš StBoTB 1 I 72

Im Land → **Tarhuntaša**.

Waliwanta

Stf.   URU*wa-li-wa-an-da* KUB LVI 27, 7'
URU*ú-li-wa-an-da* KUB XLVIII 124 Vs? 6'

¶ J. Freu, *Luwiya* (1980), S. 245f., 266 (in Isaurien).

Walma

Stf.   URU*ú-wa-al-ma* KUB XLVIII 105 + KBo XII 53 Vs 31'
URU*wa-al-ma* StBoTB 1 I 64

Nach KUB XLVIII 105 + im Bezirk → **Turmita** der Stadt → **Ninaša** folgend: «[In] W.: den Göttern hat Seine Majestät dieses bestimmt: 1 Haus, darin 10 Deportierte, Bauern; 1 Haus, darin 16 Deportierte der Leute des Gebirges; 1 Haus, darin 10 Deportierte, Diener des Innara; 1 Haus, darin 4 Deportierte des Priesters; 1 Haus, darin 10 Deportierte, Weber des Königs: insgesamt 5 Häuser, darin 50 Deportierte. 50 Schafe bestanden von früher her; der König von Tumana wird 14 Rinder, darunter 4 Pflugrinder, liefern». Nach der Bronzetafel liegt W. in der Nähe des → **Kaštaraja**-Flusses, nicht zu weit entfernt von der Küste an der nordwestlichen Grenze des **Hulaja**-Flußlandes: «Von der Grenze von W. aus aber (sind) ihm Huwahuwarwa, Aluprata, Kaparuwa, Hašuwanta, Walipa (und) Wala die Grenze: diese Dörfer gehören aber zum Hulaja-Flußland».
¶ J. Freu, *Luwiya* (1980), S. 249ff., 260f. (Karahöyük bei Konya); M. Forlanini, ASVOA 4.3 (1986) Tav. XVI 7) r.K. (Holmoi); M. Forlanini, VO 7 (1988), S. 156; H. Otten, StBoTB 1 (1988), S. 38.

Waluka[*

br.   URU*wa-lu-k[a?(-)* HFPC 13, 2'

Walwara

Nom.   URU*wa-al-wa-ra-aš* StBoTB 1 I 53

Wanata*

Grenzstadt zwischen → **Hawalija** und dem **Hulaja**-Flußland.
¶ M. Forlanini, VO 7 (1988), S. 155f. (zwischen den Beyşehir gölü und den Suğla gölü; Eflatun Pınar?).

Wanata*

Stf. ^{URU}*wa-an-na-da* KUB LVII 108 III 14

Br. Kultordnung für den Wettergott und Ijaja von W. In derselben Tafel werden u.a. die Gottheiten Šahašara von **Uta**, Šuwanzipa von **Šuwanzana**, die Königin von **Anašipa** und der Wettergott und Pirwa von **Taparla** behandelt. Vgl. auch → **Šarpa**.
¶ M. Forlanini, Heth 10 (1990), S. 118 (in Pisidien; = → **Wananta**, RGTC 6 S. 474).

Wantaranta

Nom. ^{URU}*wa-an-ta-ra-[an-t]a-aš* KUB XXXVIII 10 + IV 25'

So wohl zu lesen das als Wantara[RGTC 6 S. 474 gebuchtes Lemma.

Wanzapanta

Akk. $^{HUR.SAG}$*wa-an-za-pa-an-da-an* KUB LVI 40 III 5'

Kultordnung für den Berg W., nach Rs IV 18' anscheinend in einer Stadt]*x-iš-ša-na-aš* verehrt. Vgl. → **Artašuša**, **Kartuša**, **Watarušna**, Berg **Pupara**.

Wanzataruwa

Abl. ^{URU}*wa-an-za-ta-ru-wa-az* StBoTB 1 I 33, 38

Warata

M. Forlanini, SM 1 (1979), S. 177 möchte den Beleg KUB XLVIII 105 + KBo XII 53 Rs 12]*x-ra-at-ta* hier einordnen, doch passen die Spuren in der Autographie nicht dazu; vgl. auch A. Archi – H. Klengel, AoF 7 (1980), S. 145. In Heth 6 (1985), S. 51 schlägt Forlanini eine Lesung Ú?]ratta vor und setzt es mit «Baretta, près de Aspona» gleich.

186

Wašhanija

Stf. ^{URU}*wa-aš-ha-ni-ia* KUB XLII 59 Rs 7'; StBoTB 1 I 83
         ^{URU}*uš-ha-ni-ia* KUB XLVIII 105 + KBo XII 53 Vs 9', 12' (schon
         zitiert RGTC 6 s.v.)
br.   KUR ^{URU}*wa-aš-h[a-* KUB XLVIII 105 + KBo XII 53 Vs 17'

Die Kultordnung KUB XLVIII 105 + KBo XII 53 beschreibt der Reihe
nach die Bezirke → **W.**, **Turmita, Kašija, Tapika**. Als zum Bezirk W.
gehörig werden Vs 1'-18' folgende (soweit erhaltene) Ortsnamen erwähnt: **Šananauja, Kipita, Uhiuwa, Kapitatamna,** ferner die Stadt W.
selbst, Vs 9': «In W.: dem Wettergott (und) der$^{!}$ Sonnengöttin hat [Seine]
Majestät dieses bestimmt: 3 Häuser, darin 30 Deportierte, Haus [...]». In
der Bronzetafel: «*huwantala*-Leute von W.», zwischen Leuten verschiedener Ortschaften, beschrieben als: «Wer auch immer (von den) Hilfskräften, Handwerkern und Bauern inmitten des Landes Tarhuntaša und
inmitten des Hulaja-Flußlandes ist», und als Ortschaften, die Hattušili
III dem Kurunta «mit dem nackten Mauerwerk» gegeben hatte (Vs I
85-87).
¶ RGTC 4 (1991), S. 136f.; M. Forlanini, Fs Alp (1992), S. 177f.

Waštiša I

Stf. ^{URU}*[wa-aš]-ti-ša* HT 2 III 25

¶ M. Forlanini, SMEA 22 (1980), S. 76 Anm. 34; M. Forlanini, VO 7
(1988), S. 151. (um Konya).

Waštiša II

Nom. ^{URU}*wa-aš-ti-iš-ša-aš* StBoTB 1 I 70

Im Land → **Tarhuntaša**.

Wašukana

¶ K. Kessler, *Untersuchungen* (1980), S. 85f., 98; RGTC 5 (1982), S. 277f.

Wašulana

Wašulana

¶ M. Forlanini, SMEA 18 (1977), S. 219 (nördlich bzw. westlich von Safranbolu); M. Forlanini, ASVOA 4.3 (1986) Tav. XVI 5) m.K.; RGTC 4 (1991), S. 131.

Wašuma*

Stf. $^{HUR.SAG}$*wa-šu-ma*$^{!?}$ KUB XLVI 22 + KUB XLI 34 I 15', 21', 28'

Göttlicher Berg. Lesung unsicher: in KUB XLVI Indices S. X als Wašušu[gebucht (das Zeichen MA/ŠU ist allerdings sicher das letzte Zeichen des Ortsnamens nach KUB XLVI 22 I 21' und KUB XLI 34 I 2').

Wašuwata

¶ M. Forlanini, VO 7 (1988), S. 152

Watana*

Nom. ^{URU}*wa-at-ta-an-na-aš* StBoTB 1 I 72

Im Land → **Tarhuntaša.**

Watarušna

Nom. ^{URU}*wa-at-ta-ru-uš-na-aš* KUB LVI 40 IV 16'

Br. Kultordnung der Städte (u.a.) → **W.**, **Kartuša**, **Artašuša**. Vgl. auch die Berge → **Pupara** und **Wanzapanta**.

Wataruwa

¶ J. Freu, *Luwiya* (1980), S. 276f.

Wataša*

Nom. ^{URU}*wa-at-ta-aš-ša-aš* StBoTB 1 I 80

Handwerker von W., die den Göttern von Tarhuntaša überlassen worden sind.

Wawara*

Nom. ^{URU}wa-wa-ra-aš KUB XXXVIII 10 + IV 26'

Zu korrigieren die Lesung Wawaraša RGTC 6 S. 305 unter **Parmašhapa**, S. 337 unter **Šaluwataši**, S. 474 unter **Wantara[** (= **Wantaranta**).

Wijanawanta

¶ J. Freu, *Luwiya* (1980), S. 284f.; M. Forlanini, Fs Alp (1992), S. 178; M. Poetto, *Yalburt* (1992), §§ 16, 31 (zu hier. VINUM(REGIO): gr. Oinoanda).

Winta[

¶ M. Forlanini, VO 7 (1988), S. 152.

Wiluša

Stf. KUR ^{URU}ú-i-lu-uš-ša KUB XXI 2 + KUB XLVIII 95 I 6
KUR wi$_5$!-lu-ša KUB XIX 55 + KUB XLVIII 90 Rs 41, 42 (Lesung nach H.A. Hoffner, AfO Beiheft 19 [1982], S. 131).

¶ J. Freu, *Luwiya* (1980), S. 323ff. (im Kaystrostal); M. Forlanini, ASVOA 4.3 (1986) Tav. XVI 7) l.K. (im Hermostal).

[Wurulija] → Utrulija

Z

Zahaluka

Stf. ^{URU}*za-ha-lu-uq-qa* KUB LIII 13 III 16'; KUB LIV 64 Vs 10', 11'(br.),
19' (teilweise schon zitiert RGTC 6 S. 487 als unv. Bo 1580 und
Bo 3084)
^{URU}*zi-ha-lu-ka* KUB LI 54 Vs? 9'
^{URU}*zi-hal-lu-k[a* KUB XLVIII 48 Vs 4'
^{URU}*zi-ha-lu-uk* KUB LI 54 Vs? 7'; KUB LIV 64 Vs 14' (zur Lesung
s. C. Kühne, ZA 70 [1981], S. 98 Anm. 21)
^{URU}*tu-hu-lu-k[a* unv. Bo 8662, 2' (nach C. Kühne, ZA 70 [1981], S.
101)
za-ha-lu-uq-qa KBo XXVI 181, 8'
br. ^{URU}*zi-ha-[* HT 67 Vs 5' (schon zitiert RGTC 6 S. 498; vgl. C. Kühne,
ZA 70 [1981], S. 101); ^{URU}*z[i-* KUB LI 54 Vs? 2'; *]-ha-lu-uk-ka*
KUB XLVIII 13 Vs 10'

Zakapura

Stf. ^{URU}*za-qa!-pu-ra* HKM 102, 10

Ortsbestimmung: Im Bezirk → **Tapika**. HKM 102, 10-11: «Tuttu, Mann
von Z., Takuri, Mann von Iškila: 2 "Blinde"».
¶ M. Forlanini, RIL 126 (1992).

Zalara

Gen. *za]-al-la-ra-aš* KUB LVII 87 II 10
Stf. ^{URU}*za-al-la-ra* KBo XXIII 91 IV 10; KUB XLIX 70 Rs? 13'; KUB
L 23 II 10

Vgl. KUB LVII 87 Vs II → **Hurnija**. Der Verwalter von Z. nimmt dem
KI.LAM-Fest teil (KBo XXIII 91 Rs IV 10-13), vgl. I. Singer, StBoT 27
(1983), S. 63.

190

¶ J. Freu, *Luwiya* (1980), 240f.; M. Forlanini, ASVOA 4.3 (1986) Tav. XVI 6) r.K.; M. Forlanini, VO 7 (1988), S. 146f. («nella piana di Mut»).

Zalijanu

Nom. $^{HUR.SAG}$*za-li-ia-nu-uš* KBo XXVI 188 I 5'
Abk. $^{HUR.SAG}$*za-li-ia* KUB LVIII 58 Vs 19

In KUB LVIII 58 Vs 15-20 (Kultordnung) zusammen mit dem Berg → **Haharwa** verehrt.

Zalmata*

hur. ^{URU}*za-al-ma-at-hi* KUB XLVI 48 Vs 14'(!); KUB XLVII 72 Vs 10'(br.); KUB LI 73 Rs? 16'
za-al-ma-at-hi KBo XXXIII 181 Vs 10'; KBo XXXIII 215 Rs V 22'(br.); KUB XLV 58 + HT 92 Rs IV 20'
br. ^{URU}*za-a*[*l-* KUB XXV 48 + XLIV 49 Vs! I 4'

Zalpa I

Stf. KUR ^{URU}*za-a-al-pu-u-wa* KBo XII 19 I 3'
^{URU}*za-al-pa* KUB LII 102 + IBoT II 9 I 2, 5, II 17', 24'; KUB LIX 31 Vs 5', 8'

¶ M. Forlanini, ZA 74 (1984), S. 245-266; RGTC 4 (1991), S. 138ff.

Zalpa II

¶ M. Forlanini, ASVOA 4.3 (1986) Tav. XVI 5) l.K. (Tilmenhüyük); B.J. Collins, Or 56 (1987), S. 138f. (Hammām et-Turkmān); RGTC 4 (1991), S. 138ff.

Zanipura → Zakapura

Zanišhapa → Zinišhapa

Zanzara*

Zanzara*

Stf.   ^{URU}*za-an-za-ra* KBo XXXIV 145, 8'

Gelübde in Z. Dasselbe als → **Zinzira**?

Zaparašna → Šaparašana

¶ RGTC 4 (1991), S. 138.

Zapatiškuwa

Stf.   ^{URU}*za-pa-ti-iš-ku-wa* KUB LV 43 I 26, II 13, IV 6', 8'(bis), 26', lk.Rd.
5 (teilweise schon zitiert RGTC 6 S. 493 als unv. Bo 2392 + 5138)

Zapišhuna

Stf.   ^{URU}*za-pí-iš-hu-u-na* KUB XLVIII 105 + KBo XII 53 Rs 41 (schon
zitiert RGTC 6 s.v.)
^{URU}*zi-pí-iš-hu-na*^{KI} KBo XXXII 185 Rs 3

Ortsbestimmung: Im Land → **Tapika**, KUB XLVIII 105 + : «In Z.: Anzili.
[x] Deportierte von Arzawa [wird] Seine Majestät [geben]». KBo XXXII
185 Rs 1-3 (Landschenkungsurkunde des Muwatalli): «Haus des Kaššu:
3 Männer, 3 Frauen, (das sind) 6 Personen; 5 iku Weingarten des
Palastjunkers Zidanza; in Z.».
¶ M. Forlanini, SM 1 (1979), S. 183 (um Maşat); RGTC 4 (1991), S. 141.

Zapuri

akk.   ^{URU}*za-pu-ú-ri* KBo XXVIII 82, 18 (schon zitiert RGTC 6 S. 494 als
unv. 613/f)

Zara

Stf.   ^{HUR.SAG}*za-a-ra* KUB LIV 47, 6'

Göttlicher Berg.

Zarata

Nom. ^{URU}*za-ra-ta-aš* StBoTB 1 I 32

Zaratna*

Stf. $^{HUR.SAG}$*za-ra-at-n*[*a* KBo XXXIV 184 Rs 1 =
$^{HUR.SAG}$*za-ra-at-na* unv. Bo 5587 Rs 3' (zitiert in KBo XXXIV
Inhaltsüb. S. VII)

Zarmateni*

hur. ^{URU}*za-ar-ma-te-ni-in* KUB XLVII 11 II 9''

¶ E. Laroche, RHA 35 (1977), S. 302.

Zarnija

Gen. ^{URU}*za-ar-ni-ia-a-aš* StBoTB 1 I 20
^{URU}*za-ar-ni-ia-aš* StBoTB 1 I 19

Vgl. Eth. ^{D}*za-ar-ni-za-aš* ^{D}*tar-pa-at-ta-aš-ši-iš* KUB IX 25 + KUB XXVII
67 *passim* (eigentlich: «Gott Tarpataši von Z.»).

Zarnušaša

Abl. ^{URU}*za-ar-nu-ša-aš-ša-az* StBoTB 1 I 45

Zur von KBo IV 10 Vs 27' (**Zarnuša**) abweichenden Schreibung vgl. H.
Otten, StBoTB 1 (1988), S. 35.

Zaruna

¶ M. Forlanini, SM 1 (1979), S. 170, 172 Anm. 28 («nella piana della
Çukurova»; bei Kozan); M. Forlanini, ASVOA 4.3 (1986) Tav. XVI 4)
r.K..

Zarwiša

Abl. ^{URU}*za-ar-ú-i-ša-az* StBoTB 1 I 48
br.]-*ša* KBo XXII 71 I 5' (= KUB XIV 13 + I 10)

Zatarzija* II

¶ M. Forlanini, VO 7 (1988), S. 137f. («nell'area fra il Tauro, il fiume Hulaya e Kibistra/Ereğli, cioè, orientativamente, nei pressi del Karadağ»).

Zatarzija* II

Eth.   z]a$^?$-tar-zi-ia-il KBo XXX 157 I 6'

Zur (fraglichen) Lesung vgl. H. Otten – Chr. Rüster Hrsg. S. XII. Wenn richtig gelesen, ist der ON von dem hurritischen Bergname Zatarzija (RGTC 6 S. 496f.) wohl getrennt zu halten, weil hier der (Verwalter) von Z. zusammen mit den Verwaltern von → **Ištuhila** und **Taškurija** (u.a.) aufgerufen wird.

Zaziša

Stf.   KUR ^{URU}za-a[z- JCS 35 (1983), S. 195 Nr. 1, 4'
-z]i-ša KBo XXII 71 I 9' (= KUB XIV 13+ I 15)

In Zusammenhang mit → **Ištitina** erwähnt.

Ziharzija

Nom. ^{URU}zi-HAR-zi-ia-aš KUB XLVIII 107 I 9 (schon zitiert RGTC 6 S. 498 als unv. Bo 2525)

¶ M. Forlanini, RIL 126 (1992).

Zihnuwa*

Stf. ^{URU}zi-ih-nu-wa KUB XXVIII 77+KBo XXV 118 I 1 (zur Lesung s. M. Forlanini, ZA 74 [1984], S. 247 Anm. 8); KBo XXIII 58 r.Kol. 4'; KUB LVII 84 III 14'; KUB LVIII 32 I 17
z]i-ih-nu-u-wa KUB LVII 82, 11'
^{URU}zi-ih-nu-i KUB LVIII 32 I 9

br. ^{URU}zi-ih-nu-[KUB LII 102+IBoT II 9 II 3'

Im Land → **Taruka**.
¶ M. Forlanini, ZA 74 (1984), S. 253ff.

Zikapala

Stf. ^{URU}*zi-iq-qa-pal-la* KUB XLIX 88 II 15

Zikašta*

Stf. ^{URU}*zi-ig-ga-aš-ta* HKM 74, 4
        ^{URU}*zi-iq-qa-aš-ta* HKM 99, 2

Ortsbestimmung: Im Bezirk → **Tapika**. HKM 74, 3-5 (Brief des "Priesters",
d.h. Telipinu, von Kizuwatna an Kaššu): «Weil du mir folgendermaßen
geschrieben hast: "20 Diener von dir (sind) hinterher (hier) in Z."». HKM
99, 1-2 (Liste von Arbeitern): «[Han$^?$t]itaššu, Šanta, [2 Männ]er von Z.».
Wohl identisch mit → **Zikišta**.

Zikata*

Akk. ^{URU}*zi-ik-kat-ta-an* HKM 10, 36

Ortsbestimmung: HKM 10, 33-39 (Brief Seiner Majestät an Kaššu): «Ich
habe gehört, was du mir folgendermaßen geschrieben hast: "Als ich im
Lande Išhupita ankam, hinterher schlug der Feind Z. und vertrieb 40
Rinder (und) 100 Schafe. Ich habe ihn zurückgestoßen"».

Zikišta*

Stf. ^{URU}*zi-ik-ki-iš-ta* HKM 103, 15

Ortsbestimmung: Im Bezirk → **Tapika**. HKM 103, 15-16: «[168$^?$] Arbeiter
von Z. [PN] der Vorsteher. 14 [*parisu* (Gerste ihre Ration)]». Wohl
identisch mit → **Zikašta**.

Zikurka

br. ^{URU}*zi-ku-ú[r-* KUB XXXI 72, 8'

¶ M. Forlanini, RIL 126 (1992). Das Lemma **Zikuk[** RGTC 6 S. 501 ist
zu streichen.

Ziluna

Stf. ^{URU}*zi-lu-na* KBo XXIX 3 I 1

Zinišhapa*

Herkunftsort einer Verfasserin des luwischen «Großen Rituals» (*šalli aniur*), vgl. F. Starke, StBoT 30 (1985), S. 73-79.

Zinišhapa*

Akk. ^{U}]^{RU}*zi-in-ni-iš-ha-pa-an* KUB XLIX 26 II$^?$ 3'

Stf. ^{URU}*za-an-ni-eš-ha-pa* KUB LIII 16 V 24'(br.); KUB LVIII 19 Rs 5'
^{URU}*zi-ni-iš-h*[*a-pa* KUB XLIV 18 Rs 13'

KUB LIII 16 Rs V beschreibt die kultische Reise des Königs von →
Kaštama nach → **Kaštuha** und weiter nach Z. KUB XLIX 26 Vs II$^?$
2'-5' (Orakelanfrage): br. Itinerar um → **Nerik**. In KUB XLIV 18
Kolophon (schon zitiert RGTC 6 S. 504 s.v. Ziniš[) neben → **Tahurpa**
erwähnt, und in Vs 10' wird eine «Reise nach Nerik» erwähnt (vgl. 11'
Hakmiš, 15' Kuruštama).

Zinkuri[

Zum Namen vgl. C. Kühne, ZA 70 (1981), S. 100 Anm. 35.

Zipalanta

Nom. ^{URU}*zi-ip-pa-la-an-ta-aš* StBoTB 1 III 63

Dat. ^{URU}*zi-ip-la-an-ti* KBo XXIII 103 I 5, IV 15'

Abl. ^{URU}*zi-pa-la-an-ta-az* KBo XVII 88 + KBo XX 67 + KBo XXIV 116
II 18
^{URU}*z*[*i-ip-la-an-t*]*a-az* KUB LVIII 27 I 1
^{URU}*zi-pa-la-an-d*[*a-* KBo XXX 155 Rs$^?$ 4'

Stf. ^{URU}*zi-ip-pa-la-an-da* KUB XXX 39 + KBo XXIII 80 + KBo XXIV
112 Rs 8', 10'(br.); KBo XVII 89 + KBo XXXIV 203 Rs V 7; KBo
XXV 76 Vs$^?$ 12'; KBo XXV 184 II 23; KBo XXVII 42 I 16, II
39(br.); KBo XXX 103 Rs$^?$ 6'; KBo XXXIV 203 + KBo XVII 9
Vs III 10'(br.); KUB LIV 63 Vs 6, 7(br.); KUB LIV 81 Rs 3'(br.);
KUB LVI 56 IV 1, 9(br.); IBoT IV 294 Vs 7'; StBoTB 1 III 83
^{URU}*zi-ip-pa-an-da* KUB LX 146 IV 17
^{URU}*zi-ip-pa-la-an-ta* KBo XXIII 103 I 21(br.); KBo XXXIV 205,
6'(br.), 8'

^{URU}*zi-pa-la-an-da* KBo XXV 176 Rs 12'; KBo XXX 155 Rs$^?$ 8'; KUB LI 33 I 18'; KUB LIII 57 + IBoT III 35 V 4', 5'; KUB LV 21 I 5'; KUB LVII 29 II 11', III 9'; KUB LVII 102 IV$^?$ 6'

^{URU}*zi-ip-la-an-da* KBo XVI 71 + KBo XVII 14 + KBo XX 4 + 16 + 24 + KBo XXV 13 I 24', II 12, IV 2, 3, 25' (teilweise schon zitiert RGTC 6 S. 506 als KBo XX 4 I 2, 3, IV 7); KBo XVII 21 + 46 + KBo XX 33 + KBo XXV 19 Rs 57; KBo XX 10 + KBo XXV 59 I 15 (schon zitiert RGTC 6 S. 506), II 12; KBo XXIII 52 III 8'; KBo XXIII 91 I 7'; KBo XXV 24 Vs$^?$ 7'(br.); KBo XXX 160, 4'(br.); KBo XXXIV 170, 4'; KUB XLVI 17 IV 1; KUB XLVII 64 II 20; KUB LI 23 Rs$^?$ 13'; KUB LV 6 I 6(br.); KUB LVII 118, 2, 5, 6, 11; KUB XXVIII 91 + KUB LVIII 6 I 10', 26', VI 15, 23; KUB LVIII 27 I 10; KUB LVIII 103, 16'; IBoT IV 141, 8'

^{URU}*z*[*i-ip*]-*la-an-ta*^{KI} KUB LVIII 27 I 3

^{URU}*zi-ip-la-an-ta* KBo XXX 12 VI 5; KBo XXX 160, 9'; KUB XLVI 14 Rs 10, 12(br.); KUB LVII 118, 9

^{URU}*zi-ip-la-an-ti-i* KBo XXV 61 Rs$^?$ 8'

^{URU}*zi-ip-pa-la-da* KUB LIV 63 Vs 2

^{UR}]$^{U?}$*zi-pal-la-an-da* IBoT IV 154 Vs 7'

^{URU}*zi-pal-an-da* KUB LX 63, 12'

^{URU}*zi-pal-da* KBo XXIII 89, 2', 16'(br.); IBoT IV 40, 3'(br.); HFAC 62, 1'

zi-pal-da KUB LX 34, 5'

^{URU}*zi-pal-ta* KUB LVIII 11 Rs 2'

hat.]-*pa-la-an-da* KUB LVIII 37 Vs$^?$ 5'

luw. ^{UR}]^U*zi-ip-pa-la-an-da*[(-) KBo XXVII 61, 3'

br. ^{URU}*zi-ip-pa-la-an*-[KBo XXX 96, 8'; KUB XLVI 4 VI 15(!); KUB LV 5 I 11'; KUB LV 39 IV 21'; ^{URU}*zi-pa-la-an*-[KUB XLVI 29 + KBo XXVI 166 II 15'; ^{URU}*zi-pa-la*-[KBo XXXIV 188 r.Kol. 5'; 166 II 15'; KUB LI 37 Vs 2'; ^{URU}*zi-ip-pa-l*[*a*- KBo XXIII 96, 1'; KBo XXX 81 IV 5'; KUB L 112 IV 6'; KUB LIX 38 II 3'; ^{URU}*zi-ip-pa*-[KUB XLIX 68, 9'; KUB LIII 11 III 26 (oder *zi-ip-l*[*a*$^?$-); ^{URU}*zi-ip-la-an*-[KBo XVII 9 + 20 + KBo XX 5 + KBo XXV 12 + ABoT 5 IV 4; KBo XVII 30 III 8'; KUB LV 1 I 21'; KUB LVII 71, 4' (wohl Dat.); KUB LIX 19 V 6'; ^{URU}*zi-ip-l*[*a*- KBo XXV 103 I$^?$ 5'; ^{URU}*zi-i*[*p*- KBo XX 35, 3'; KBo XXIV 94, 8'; KUB LIX 56 Vs 10'; ^{URU}*z*[*i*- KBo XXIII 103 II 6; KUB L 94 I 8' (nach A. Archi Hrsg.); KUB LV 14 Rs 2'; KUB LX 117, 16';

Ziparuwa

z]i-ip-pa-la-[HFPC 10, 5′; -]zi-ip-pa-[KBo XXVI 138, 7′; FHL
188:3′;]-pa-la-an-da KBo XXXIV 150 I? 3′; KUB LIV 82 Vs 4′;
]-ip-la-an-ta KUB LIII 13 II 22′; -l]a-an-da KBo XX 3 III 5′;
URUzi-p[al- KUB XLVI 26 Vs 7′, 10′

Abk. URUzi-pa-la (+ -kán) KUB XLIX 1 I? 12

Ziparuwa

Stf. URU.BÀD! zi-pa-ru-wa KUB LVIII 7 II 24′
URUzi-pa-ri-wa unv. 647/f I 8′-11′

Zur Lesung und dem unv. Zitat s. S. Košak, ZA 80 (1990), S. 147. KUB
LVIII 7 Vo II 24′-29′ Kultordnung für den Wettergott von Z., Pirwa,
Halki.
¶ M. Forlanini, ASVOA 4.3 (1986) Tav. XVI 2) m.K. («nella valle del
Konak Su»).

Zipašana*

Stf. URUzi-i[p]-pa-aš!-ša-na KUB XL 96 + KUB LX 1 r.Kol. 14′

"Die Zimmerleute von Z. (haben) 2 kupferne Sicheln (geliefert)", vgl. J.
Siegelová, *Verwaltungspraxis* (1986), S. 278.

Zipašla

¶ J. Freu, *Luwiya* (1980), S. 272f., 285.

Zipašna

¶ M. Forlanini, SM 1 (1979), S. 172 Anm. 28 (in Commagene).

Zipira (Sippar) → Sip(p)ir

Zipiš[*

br. URUzi-ip-p[i?]-i[š?- KUB XLVIII 105 + KBo XII 53 Vs 22′

«30 Deportierte von Z.» dem Dorf x-x-ši-na im Land → **Turmita**
zugewiesen.

Zipišhuna → Zapišhuna

Zipita[*

Stf. ^{URU}zi-pí-d[a(-) KUB XLVI 26 Vs 11′

Wettergott von Z. nebst dem Wettergott von **Zipalanta** und der Sonnengöttin von **Arina** verehrt.

[Zipunuwa] → Zihnuwa

Ziškulija

Stf. ^{URU}zi-iš-ku-li-ia unv. 517/z Vs? 1

Zitiert aus V. Haas – L. Jakob Rost, AoF 11 (1984), S. 87. «[...] an die Stadt Z. tritt heran»: Bruchstück des Festrituals für Telipinu von → **Kašha**? S. auch ^{URU}zi-iš-k[u- Bo 6419, 2′, 5′ nach J. Siegelová, *Verwaltungspraxis* (1986), S. 158 mit Anm. 11.

Zišpa*

Stf. ^{URU}zi-iš-pa HKM 46, 7; HKM 103, 14

S. Alp, am unten a.O., möchte diesen ON auch in HT 2 IV 25 ^{URU}zi-iš-x[lesen, doch sollte jener Dorf nach HT 2 V 5 dem Bezirk Ulušna gehören; vgl. RGTC 6 S. 511 sub **Zišparna**.

Ortsbestimmung: → **Ištiruwa**. HKM 113, 14-15: «3 Arbeiter von Z. U?tarli der Vorsteher. 1 *parisu* (Gerste ihre Ration)».
¶ S. Alp, Fs Laroche (1979), S. 34f.

Zišparna

Akk.   -i]š?-pár-na-an KUB XLIX 88 III 4′ (nach A. Archi Hrsg.)

¶ RGTC 4 (1991), S. 122; M. Forlanini, RIL 126 (1992)..

Zišpinuwa

¶ S. Alp, Belleten 164 (1977) a, S. 643f. = Fs Laroche (1979), S. 34f. (= → **Šišpinuwa**).

Zita[

Zita[

^{URU}*zi-it-t*[*a*$^?$- KBo XXIII 109 Vs 3

Zitakapiša

Vgl. → **Arina**.
¶ M. Forlanini, SMEA 22 (1980), S. 75f.

Zithara

Stf. ^{URU}*zi-it-ha-ra* KBo XX 126 + KUB XXXII 25 + FHG 21 IV 40′; KBo
XX 129 + KBo XXIII 6 + KBo XXVII 100 + KUB XXXII 29 +
ABoT 39 + FHG 20 IV 37′; KBo XXIII 114 Vs$^?$ 7(br.), 9, 12; KUB
XLVIII 123 I 8′; KUB L 61 lk.Kol. 1′; KUB LII 40 Rs 1′

Zitharunuwa

br. $^{HUR.SAG}$*zi-i*[*t*- KBo XXX 64 Vs 2, Rs 4′

Hier nach H. Otten – Chr. Rüster Hrsg. eingeordnet.

Zizilija[*

^{URU}*zi-zi-li-ia*(-)*ap*$^?$-[KUB XLIX 98 III$^?$ 5′

Zukurkura* (?)

hur. ^{D}*zu-ku-úr-ku-ri-we*$_e$ KUB XLV 41 III 6′
zu-kur-kur-ri-wi$_i$ KUB XXVII 6 I 4

«Šaušga von/des Z.» (unsicher allerdings, ob wirklich ON)
¶ I. Wegner, AOAT 36 (1981), S. 195.

Zuluza*

Stf. ^{URU}*zu-lu-za* KUB LVII 84 III 20′

Im Lande → **Taruka**.

Zunahara

Stf.   KUR ^{URU}*zu-na-ha-ra* KUB XXXI 122 + FHL 42, 6

In Zusammenhang mit dem Land → **Kumani** erwähnt.
¶ M. Forlanini, SM 1 (1979), S. 170 (Misis/Mopsuestia); M. Forlanini, ASVOA 4.3 (1986) Tav. XVI 4) r.K.

Zunti* (?)

Abk.$^?$ KUR *zu$^?$-un-ti* KUB XLIX 100, 9'

Lesung nach A. Archi Hrsg. Orakelanfragen über Kriegshandlungen um **Ištahara**, s. → **Iškamahaša**. Der Text benutzt viele Abkürzungen, vgl., ausser den oben genannten Ortsnamen, noch → **Iškuruha**. S. auch M. Forlanini, RIL 126 (1992).

Zunzurha

Abl. ^{URU}*zu-un-zu-úr-ha-az* KBo II 9 + KUB XV 35 I 32

Zupara*

Stf. ^{URU}*zu-up-pa-ra* KUB LX 152 I$^?$ 6', 8', 16'

GEWÄSSERNAMEN

Alta

br.   ÍD *a-al-*[KBo XXIV 13 IV 17'; *-d]a*? KUB LI 4 Rs? 2' (= KBo XV 59 Vs? III 7')

¶ M. Forlanini, SM 1 (1979), S. 171 (Nebenfluß des oberen Ceyhan)

Aštajanta

hur.   *-t]a-ia-an-da* KBo XXXIII 197 Vs 14'

Aštarpa

¶ J. Freu, *Luwiya* (1980), S. 251 (Carşamba); M. Forlanini, ASVOA 4.3 (1986) Tav. XVI 7) r.K. (Kaystros).

Ašuwanika

Akk.   PÚ *a-šu*?*-wa-ni-ga-an* KUB LVI 37 I? 4'

Schon zitiert RGTC 6 S. 526 als unv. Bo 2531. Zur Lesung (möglich auch *a-ku-*) vgl. S. Košak, ZA 78 (1988), S. 147.

Harki*

Nom.   PÚ *har-ki* KUB LVII 106+ II 20

Eigentlich Appellativ: «Weisse Quelle». Verehrt in der Stadt → **Šaluwataši.**

Hila

Nom.   PÚ *hi-la-aš* KUB LVII 58+ II 10' (zitiert RGTC 6 S. 528 als unv. Bo 979) = KUB LVII 106+ II 18

Hulaja → ON Hulaja

Hulana

ÍD SÍG KUB LVIII 15 I 10, 14

Kaštaraja*

«Fluß H. des Berges → **Huwatnuwanta**», s. dort.
¶ M. Forlanini, SMEA 18 (1977), S. 211ff. (Porsuk Çay); J. Freu, *Luwiya* (1980), S. 245 (Sangarios); M. Forlanini, ASVOA 4.3 (1986) Tav. XVI 5) m.K.

Kaštaraja*

Nom. ÍD *ka-aš-ta-ra-ia-aš* StBoTB 1 I 61

S. ON → **Parha**.
¶ H. Otten, StBoTB 1 (1988), S. 37f. (= gr. Kestros/Aksu?).

Kila

¶ H. Otten, RlA 5 (1976-1980), S. 569.

Kuina[*

ÍD *ku-i-n[a-* KBo XXIII 27 II 19'

Neben dem Fluß → **Kumišmaha** verehrt.

Kumara

br. *-u]m?-mar-ri(-)da-in* FHL 43, 4' hierher?

¶ H. Otten, RlA 6 (1980-1983), S. 336.

Kumišmaha

¶ H. Otten, RlA 6 (1980-1983), S. 337 (unv. 168/k II 9: ÍD *kum-mi-iš-*[); M. Forlanini, SM 1 (1979), S. 184 (Kelkit Çay); M. Forlanini, ASVOA 4.3 (1986) Tav. XVI 2) r.K. (Kelkit Çay).

Kuwananija

Nom. PÚ *ku-wa-an-na-ni-ia-aš* KUB LII 102 + IBoT II 9 II 7' (schon zitiert RGTC 6 S. 536 als unv. Bo 2712)

Stf.   PÚ *ku-wa-an-na-ni-ia* KUB XLIX 82 II? 5' (schon zitiert RGTC 6
        S. 536 als unv. Bo 945, aber irrig in der Form *ku-un-na-ni-ia*); KUB
        LVII 97 I 10 (schon zitiert RGTC 6 S. 536 als unv. Bo 182)
        PÚ *ku-wa-na-ni-ia* KBo XXVI 182 I 7; KUB LVII 97 I 8
        PÚ *ku-un-na-ni-ia* KUB LVII 97 I 5

¶ H. Otten, RlA 6 (1980-1983), S. 397f.

Lamija

¶ J. Freu, *Luwiya* (1980), 200.

Marašanta

Akk.   ÍD *ma-ra-ša-an-da-an* KBo XXIII 27 II 22'
Stf.   ÍD *ma-ra-aš-ša-an-ta* KUB XLVI 55 Vs 6'; KUB LV 43 lk.Rd. 1
        (schon zitiert RGTC 6 S. 538 als unv. Bo 2393 + 5138)
        ÍD *ma-ra-aš-ša-an-da* KBo XXIII 27 II 28'; KUB XLVI 17 III 2
        (schon zitiert RGTC 6 S. 538 als unv. Bo 794)
        ÍD *ma-ra-ša-an-da* KBo XXIII 27 II 21'
hur.   ÍD-*ia ma-ra-aš-ša-a*[*n-n*]*a*? IBoT II 51 + KUB XXVII 46 + KBo
        XXXIII 205 I 16' (schon zitiert RGTC 6 S. 539)
br.   ÍD *ma-ra-š*[*a*?- KBo XXVI 193 IV 3' (nach C.W. Carter Hrsg.); ÍD
        ma-r[*a*- KUB LVIII 39 Rs 13' (nach M. Popko Hrsg.); KUB LIX
        24, 9'

¶ G. Frantz-Szabó, RlA 7 (1987-1990) 354.

Mulili

Stf.   PÚ *mu-li-li* KBo XXV 158 I? 10'

Mušeli* (?)

br.   ÍD *mu-še-e-el-*[*l*]*i*?-*i*[*n* FHL 43, 5'

Nakilija

Nom.   -*k*]*i-li-ia-aš* KUB LVII 32 III 1'

Pina[

Abl. ÍD *na-ak-ki-li-ia-za* KUB LVII 32 III 3' (schon zitiert RGTC 6 S. 541 als unv. Bo 983)

Stf. *n]a-ak-ki-li-ia* KUB LI 79 Vs.? 12' (schon zitiert RGTC 6 S. 541 als unv. Bo 858)

¶ RGTC 4 (1991), S. 145.

Pina[

PÚ *pí-in-na-za?-at-*[KUB LI 79 Vs.? 7' (schon zitiert RGTC 6 S. 542 als unv. Bo 858)

P]Ú *pí-i[n-* KUB XLIV 3, 1'

P]Ú? *pí-in-na-an*[KBo XXXIV 156 lk.Rd. 1 (hierher?)

Pinašara

hur. *ši-un-[na pí]-na-ša-ra* KBo XV 69 + FHG 15 Rs 7
[*ši-u]n-na pí-na-ša-ru-un-na* KBo XXIV 75 Vs.? 4'; KBo XXXIII 197 Vs 11'(br.)

Flußlisten des *hišuwa*-Festrituals.

Puratti

log. ÍD UD.KIB.NUN.NA KBo XXVIII 111 + 112 + KUB III 1b + c + Vs 14', Rs 7'; KBo XXVIII 114 + KUB III 1a + Rs 26'
ÍD UD.KIB.NUN.ME KBo XXVIII 141, 3'

¶ E. Laroche, RHA 35 (1977), S. 205f; RGTC 9 (1981), S. 111; RGTC 5 (1982), S. 312f.; RGTC 4 (1991), S. 146.

Puruna

hur. *ši-i-ia pu-ra-na* KBo XXXIII 215 Rs V 5'
pu-ú-ra-a-na-ti KUB XXIX 8 + KBo XXXIII 43 Vs II 46; KBo XXVII 92 + KBo XX 142 + KUB XXXII 51 Vs II 13(br.)
pu-u-ra-na-te-ni-pa KUB XXIX 8 + KBo XXXIII 43 Vs II 47

Weitere Stellen RGTC 6 S. 543 s. v. Puratti.
¶ E. Laroche, RHA 35 (1977), S. 205 (Ceyhan); M. Forlanini, SM 1

(1979), S. 171f. mit Anm. 28 (Ceyhan); J. Freu, *Luwiya* (1980), 202 (Pyramos/Ceyhan); M. Forlanini, ASVOA 4.3 (1986) Tav. XVI 4) r.K.

SÍG → Hulana

Šahirija

Stf.   ÍD *ša-hi-ri-ia* KBo XXIII 113 III 11′ (schon zitiert RGTC 6 S. 544 als unv. 366/c)

ÍD *še-e-hi-ri-ia* KBo XXIII 113 III 9′ (schon zitiert in der Form *še-e-eh-ri-ia*)

¶ M. Forlanini, SMEA 18 (1977), S. 211ff. (Sangarios/Sakarya)

Šamri

¶ M. Forlanini, ASVOA 4.3 (1986) Tav. XVI 5) l.K. (Saros; = → **Šamura**).

Šamura

Stf.   Í]D *ša-a-mu-ra* KBo XXXIII 166 Rs? 1′
PÚ *ša-a-mu-ra* KBo XXIV 73 Rs 1′
PÚ *š*[*a*- KUB LIV 80, 4′

¶ H. Otten, ZA 75 (1985), S. 145; M. Forlanini, ASVOA 4.3 (1986) Tav. XVI 5) l.K. (= → **Šamri**).

Šanaja*

Stf.   PÚ *ša-na!-ia* KUB LVII 106 + II 22

«Quelle Š. auf dem Schwarzen Berg» (geschrieben HUR.SAG GE_6), verehrt in → **Šaluwataši**.

Šanija

Nom.   PÚ *š*[*a*]?-*ni-ia-aš* KUB LVII 106 + II 29

Neben dem Berg → **Kašu** in der Stadt *x-x-an-ta-aš* verehrt.

Šarija

Šarija

¶ M. Forlanini, SMEA 18 (1977), S. 219 (Gökırmak).

Šarmama

Akk.]*šar-ma-a-am-ma-an* KBo XXIX 89 + IV 16'', I 31''(br., schon zitiert RGTC 6 S. 547 als unv. 109/c Rs 12); KBo XXIX 93 + KUB XXXII 126 I 18' (ebd. als unv. 991/c I 14); KBo XXIX 163, 7'(br., ebd. als unv. 381/e)

ÍD *šar-ma-ma-an* KBo XXIV 33 II$^?$ 7' (ebd. als unv. 403/d); KUB LIV 9 III 3 (ebd. als unv. Bo 2411b); KUB LIV 20 III 7'(br.)

ÍD *šar-*[KBo XXIX 149:2'; *-m*]*a-am-ma-an* KBo XXIX 99 I 12'; *-m*]*a-an* KBo XXIX 130 Vs 17'

Šeha → ON Šeha

Šihirija

¶ J. Freu, *Luwiya* (1980), S. 243, 257ff. (Melendiz Çay).

Šinaraši

¶ J. Freu, *Luwiya* (1980), S. 277.

Šitarpu

Nom. ÍD *še-tar*$^!$*-pu-uš* KUB LVI 31 IV$^?$ 14'

Zur Lesung vgl. S. Košak, ZA 78 (1988), S. 146.
¶ E. Laroche, RHA 35 (1977), S. 229.

Šupilulija

br. ÍD *šu-up-pí-lu-li-ia*[KUB LX 153, 7'

Šušuwa[*

ÍD *šu-šu-wa-x*[KBo XXVI 158 I 5'

Tahara

Stf.   KUR? URU??.ÍD*ta-ha-a-ra* KUB LVII 1, 22

Zur unsicheren Lesung vgl. A. Hagenbuchner, THeth 16/2 (1989), S. 158.
¶ M. Forlanini, SMEA 18 (1977), S. 202f. (Devrez Çay); M. Forlanini,
ASVOA 4.3 (1986) Tav. XVI 5) m.K.

Tahašta

¶ S. Alp, Belleten 164 (1979) b, S. 652 = Fs Edel (1979), S. 16 (Devres
Çayi).

Tarmana

¶ M. Forlanini, SM 1 (1979), S. 171 (Nebenfluß des oberen Ceyhan).

Tašapašara

br.   -*š]a-pa-ša-ra* KBo XXXIII 196 + KBo XV 68 II 13'

Tatarina

br.   -*t]a-ri-in-na* KBo XXXIII 196 + KBo XV 68 II 15'

Tijamatura

br.   -*r]a* KBo XXXIII 196 + KBo XV 68 II 9'

Tinataši → Šaluwataši (ON)

UD.KIB.NUN.NA → Puratti

Zija* (?)

ÍD *zi-ia* KUB LIV 43 Vs 1

Nach H. Klengel Hrsg.; sehr zweifelhaft.

Zijaluna

Zijaluna

br.   ]-*lu-un-na* KBo XXIV 75 Vs$^?$ 1'

Ziwaši* (?)

Nom.   [P]Ú$^?$ [*z*]*i$^?$-wa-aš-ši-iš* KUB LVII 106+ II 20 =
-*w*]*a-aš-ši-iš* KUB LVII 58+ II 12'

Zulija

Akk.   ÍD *zu-ú-li-ia-a-an* KBo XXIII 64 III 8' (irrig zitiert RGTC 6 S. 560
als KBo XXIII 27)

hur.   *ši-i-e-na-ša / zu-ú-la* KBo XXXIII 8 III 30' (schon zitiert RGTC 6
S. 560 als unv. 190/w Vs 28'; fraglich)
ši-ia zu-ul-e-na KBo XXVII 117 Rs 6'

Vgl. ^{D}*zu-li-ia-a* KUB LVI 45 II 8', ^{D}*zu-li-ia-an* KBo XXIII 86, 6',
zu-li-ia-an KBo XXIII 101 I 4'
¶ S. Alp, Belleten 164 (1977) a, S. 643f. = Fs Laroche (1979), S. 34f.
(Scylax/Çekerek); M. Forlanini, ASVOA 4.3 (1986) Tav. XVI 2) r.K.
(Çekerek); RGTC 4 (1991), S. 146f.

Zumari*

br.   PÚ *zu-um-ma-ri*(-)*x*[KUB XLVI 48 Rs 9'

Zuwahu

hur.   ÍD *zu-ú-*[KBo XXXIII 202 Rs 20'

INDIZES

Graphik

a. *KVK-Zeichen*

GAL 25f., 60f., 153
GAZ 80f.
GUL 2, 6, 82
GUR 87, 155
HAL 23f., 151
HAR 15, 21f., 28ff., 42ff., 153, 194
HAŠ 116
KAL 48, 144
KAM 61f.
KÁN 63f.
KAP 64f.
KAR 67f., 164
KAŠ 73f.
KAT 59, 76, 133
KIŠ 106
KUM 83ff., 181
KUR 87, 155
LAM 49, 134
MAH 53, 85, 98
MAR 88
MIŠ 67
NAM 109
PAL 119, 195, 197
PÁR 121f., 199
PÁT 25f., 27, 126f.
PIŠ 31, 42, 125, 128
SIG$_4$ 130
ŠAL 134, 136
ŠAR 33, 40, 78, 88, 210

TAH 151
TÁK 77, 126, 154ff., 160
TAL 156
TAP 75, 161
TAR 36, 56, 78, 103, 120, 138, 147, 162, 194, 210
TÀŠ 164
TÚH 90
TÚR 175
TUM 173, 174
WI$_5$ 133, 167
WA$_a$ 49, 81, 111, 112, 115
WE$_e$ 112
WI$_i$ 113

b. *Ideogramme und Abkürzungen*

EN.LÍL.KI 113
KÁ.DINGIR.RA 68
KASKAL 28
MI 78
PÚ 10f.
SU 131
UD.KIB.NUN.ME/.NA 208
UGU 117
Abkürzungen 6, 31, 53f., 55, 99, 111, 139, 198

c. *Determinative*

DINGIR 4, 16, 26, 57, 62, 115, 119, 128, 142, 162, 174, 200
KI 1, 131
KUR.KUR^{MEŠ} 96, 114

213

Götternamen

Personennamen

Klassische, byzantinische und moderne Namen